全台灣第一本，鐵人選手親自傳授！鐵人三項裝備採購指南

頂尖選手都這樣用！
游泳‧騎車‧跑步
鐵人訓練&比賽裝備全圖解

楊志祥、許元耕◎著
領袖人整合行銷◎監製

臉譜

沉穩的選手、整齊的賽事，國際化的初衷

文／林澤浩　台灣鐵人三項公司　董事長

從一個專業的賽事主辦單位角度，是怎麼看鐵人三項運動的裝備這件事呢？我從代理 ironman70.3 賽事，後來又在台灣創辦 LAVA 系列賽事，一轉眼已經六年了。

我最初的想法是想將國際賽事規格帶進台灣，希望台灣鐵人賽事能逐漸國際化。對賽事單位而言，裝備並非拿來炫耀或是讓賽事現場好看，最重要的意義在於：選手如果能認真看待自己的裝備，了解自己的需求，同時也代表他是準備好了才來比賽。

因為，參加一場賽事，就像去參加考試。一個認真的學生會在事前做好充足準備，包括練習，包括工具。匆匆忙忙急就章的人，不僅對自己沒有好處，甚至可能會影響其他人。

比賽也是。一個沉穩的選手，會在賽前，好好挑選適合自己的裝備以進行訓練，會做好功課，了解賽場的環境、規則，以及調整裝備到最適合比賽的狀態。這樣的選手對我們來說非常重要，因為，準備好的選手會管理好自己，會尊重賽事的相關規範，相對地能做到保護自己，也降低對別人造成的影響。

所有與賽事有關的人、事、物都達到一定水準後，將對我們與國際接軌更有幫助，賽事愈國際化，鐵人賽事在台灣將愈受到重視；我們都希望能夠這個產業愈來愈好的，不是嗎？

我們希望，裝備對選手的意義不是用來誇耀，而是一種提升賽事專業知識的媒介，準備好的裝備，意味著你也準備好來參與賽事，為自己的安全和成績負責。當愈來愈多民眾投入這項運動，也代表賽事教育的需求益形重要。身為賽事單位，我們很高興有這樣一本書籍出版，提供入門朋友一個指南，無須迷失在高價昂貴的迷思裡，真正從了解自己的需求去做準備·希望愈來愈多朋友投入，讓這個產業更成熟！

▶作者序

頂尖選手教你精省買，聰明用！

文／領袖人整合行銷有限公司

想出版這樣一本書，在腦海裡醞釀了一段時間。

鐵人耐力運動，是一種有點門檻又不至於太難，兼具運動與時尚特質的運動，非常吸引專業運動員以外的一般人。因此，鐵人熱潮，在這兩年內，從遙遠的新聞、傳說，延燒到身邊的朋友。

然而結合游泳、騎車、跑步三項運動的鐵人三項，需要的裝備也是單項運動的三倍，往往叫剛入門的朋友摸不著邊。到底該如何準備初鐵的第一批裝備？市面上琳瑯滿目的品牌，大家都說自己的最好，到底該怎麼挑？動輒數萬甚至十數萬的裝備，讓新手鐵人徬徨甚至卻步。

但是，好的裝備定義是什麼？花大錢一定會買到好裝備嗎？你了解自己的需求嗎？花錢買好裝備一定會有好成績嗎？剛入門該如何為自己準備？而什麼時候又該為自己升級？

在鐵人的領域，裝備不僅是一種採購、一種消費，同時也是一門知識。如何買得剛好、買得精省？如何衡量自己的訓練狀況，用最恰好的預算，購置最恰當的裝備？本書由鐵人三項的頂尖選手楊志祥、許元耕，解析入門鐵人聰明採購裝備的訣竅，不僅讓你花錢花得有樂趣，訓練有效率，比賽也會有好成績！

本書從架構、文字到圖片，斟酌再三、精挑細選，結合鐵人選手的專業、預備參加鐵人比賽的裝備採購者意見、裝備廠商的資訊與圖片提供，以及整合編輯心思的專業，才能促成國內第一本鐵人裝備採購工具書的誕生。希望這本實用的鐵人裝備採購專書，能為眾多朋友解決裝備採購的困惑與難題，盡情享受鐵人運動的樂趣！

作　　者　楊志祥、許元耕
監　　製　領袖人整合行銷
協力編輯　李寶怡
責任編輯　張雅惠

封面設計 / 版面構成　蔡榮仁
行銷企劃　陳彩玉、陳玫潾、蔡宛玲
總 經 理　陳逸瑛

發 行 人　涂玉雲
出　　版　臉譜出版
　　　　　城邦文化事業股份有限公司
　　　　　台北市民生東路二段 141 號 5 樓
　　　　　電話：886-2-25007696 傳真：886-2-25001952
發　　行　英屬蓋曼群島商家庭傳媒股份有限公司城邦分公司
　　　　　台北市中山區民生東路 141 號 11 樓
　　　　　客服專線：02-25007718；25007719
　　　　　24 小時傳真專線：02-25001990；25001991
　　　　　服 務 時 間：週一至週五上午 09:30-12:00；下午
　　　　　13:30-17:00
　　　　　劃撥帳號：19863813 戶名：書虫股份有限公司
　　　　　讀者服務信箱：service@readingclub.com.tw
　　　　　城邦網址：http://www.cite.com.tw

香港發行所　城邦（香港）出版集團有限公司
　　　　　香港灣仔駱克道 193 號東超商業中心 1 樓
　　　　　電話：852-25086231 或 25086217
　　　　　傳真：852-25789337
　　　　　電子信箱：hkcite@biznetvigator.com
新馬發行所　城邦（新、馬）出版集團
　　　　　Cite（M）Sdn. Bhd.（458372U）
　　　　　41, Jalan Radin Anum, Bandar Baru Sri Petaling,
　　　　　57000 Kuala Lumpur, Malaysia.
　　　　　電話：603-90578822　傳真：603-90576622
　　　　　電子信箱：cite@cite.com.my

一版一刷　2015 年 4 月
ISBN 978-986-235-435-3
版權所有‧翻印必究（Printed in Taiwan）
售價：NT$299 HK$100
（本書如有缺頁、破損、倒裝、請寄回更換）

頂尖選手都這樣用！
游泳‧騎車‧跑步‧鐵人訓練＆比賽 裝備全圖解 / 楊志祥 , 許元耕著
臉譜 , 城邦文化文化出版：家庭傳媒城邦分公司發行 ,
2015.04　面；19×26 公分 . -- (生活風格；FJ1041)
ISBN 978-986-235-435-3(平裝)
1. 三項運動 2. 運動訓練
528.9474　　　　　　　　104002937

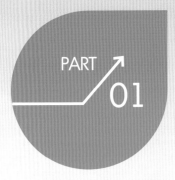

PART 01

鐵人三項的初試煉

游泳穿對用對，
第一關就搶得先機

「碰！」開賽槍聲響起，雄心壯志的鐵人們帶著緊張卻期待的心情一躍而下，面對前方看似無盡的浪潮，這就是鐵人三項運動的第一個挑戰——游泳！

鐵人三項的游泳項目有別於工整的藍色游泳池，必須游在踏不到底、能見度不高的開放性水域，沒有標線、沒有恆溫裝置，只有隨著季節變換的浪潮和氣溫，是泳者能力的純粹展現。

不管是奧運標準距離的 1,500 公尺，還是 IRONMAN 226 的 3.8 公里，對游泳較陌生的運動愛好者來說，都是無法想象的距離。而開放水域的挑戰，除了要不斷確認標的物避免行進方向偏離，還必須保留體力面對下一關，萬一雙腿太過操勞，很可能在接下來的兩個項目提早下班。

攻克鐵人從游泳開始，本章以鐵人三項的第一關——游泳為主題，從最貼身的泳裝開始，繼而進行泳鏡、泳帽以及訓練相關器材的深入採購介紹。

5分鐘看懂

游泳裝備全覽圖

3D 模式矽膠帽

有墊片泳鏡

防寒衣

呼吸管

浮板

有墊片泳鏡

划手板

耐氯性的泳衣

節拍器

鐵人三項表

蛙鞋

（器材提供／Orca、Blueseventy、Sunnto、FINIS、Speedo）

下水前，你穿對了嗎？
選對泳裝，活動順暢、舒適 100%

許多人在開始進行鐵人運動時都會問：參加鐵人比賽的泳衣和純休閒的泳裝到底有何不同？平常穿的泳衣能上場嗎？新手一上路就要添購專業級的鐵人配備嗎？價格和機能真的成正比嗎？對提升速度而言，選擇泳衣最重要的關鍵是什麼？

從 3 個需求來挑選鐵人賽泳裝

不管是單項游泳或是準鐵人，要挑選一件合適的泳衣，最基本的共同選購標準就是：好的泳衣必須能降低踢腿划手時的不適感，增加活動的順暢度。如果只是為了休閒或健身，選購一般型的泳衣就可以，一般泳衣也只要考量這樣的舒適度就夠了，但如果你的目標是進軍鐵人賽，就要將以下 3 個因素列入選購時的參考。

選購參考 1 ▶ 從參賽目標來考量

當你決定參加鐵人三項比賽，對於只想完賽或想站上凸台領獎金，所需的訓練強度完全不同。如果志在和別人競賽，選購一件能達到高效率訓練的泳裝就很重要了，至於如何選擇，在本文後面的「訓練級泳裝分級表」將有詳細說明。

選購參考 2 ▶ 依使用頻率和練習量來考量

如果你是勤奮族，甚至有點極度訓練狂的成分，規定自己要天天下水練習，那麼泳衣的「耐操度」就是必要條件。其中泳衣的耐氯性會是首要考量，否則很容易因為狂操狂練而必須經常換新泳衣。

選購參考 3 ▶ 依訓練或競賽的用途來考量

進行游泳訓練和參加鐵人競賽的泳衣不同嗎？是的，用練功來比喻，訓練時要像綁鉛塊練輕功，這時大多要提升能力而非講究速度，而高水阻的泳裝可以提升訓練的強度。較專業的鐵人通常會區分訓練和競賽，分別準備不同的裝備。這兩種泳衣的效果各有不同，如下表：

訓練泳衣及競賽泳衣比較		
	訓練用泳衣	競賽用泳衣
材質效果	高水阻、耐氯性高	低水阻
剪裁效果	活動順暢	肌肉貼合度高
價位（新台幣）	2,000 元左右	7,000 ~ 10,000 元左右

（圖片提供／Blueseventy）

由「訓練泳衣及競賽泳衣比較表」可以看出，訓練需求和競賽需求最大的不同，在於「耐氯性」和「高低水阻」的差別，訓練用泳衣必須是非常好的耐氯性材質，才經得起在含氯量高的泳池中，長時間、高頻率的訓練。

一般認為泳衣的水阻愈低愈好，因為可以增加游泳的速度，不過在訓練時期的考量剛好相反，高水阻的泳衣可以用來強化游泳能力，以期在競賽時有超出預期的表現。反之，競賽時分秒必爭，必須降低所有不利因素，不管是材質或剪裁都要盡量貼合肌膚，緊身、線條流暢，將水阻降到最低。目的不同效能也就不同，選購時要特別留意！

不同訓練等級，泳衣性能也不同

紡織科技日新月異，目前市面上品牌眾多，而能同時做到訓練和競賽雙重需求的，則為 Mizuno、Arena、Speedo 三大品牌較為知名，而它們又有各自的特色，我們將從材質和功能做進一步介紹。

穩紮穩打，基本訓練泳裝最佳推薦！

鐵人三項的游泳項目兼具長距離與關門壓力的挑戰，必須透過長時間的訓練來達成，不管是初階鐵人或是進階鐵人，一件耐用度高、活動和穿脫都方便的泳裝將會是最佳夥伴！Mizuno 的 EXER SUITS 系列泳裝以 100% 聚酯纖維製

100% 聚酯纖維材質，提高泳裝耐氯性與使用壽命，是游泳訓練的好夥伴！（圖片提供／Speedo）

成，能有效提高泳裝的耐氯性和使用壽命，在剪裁和設計上，也解決了傳統泳裝限制活動幅度的問題，讓準鐵人在長時間的練習中，仍能保持活動的流暢度與舒適感。又如知名競速泳衣專業品牌 Speedo，也出了一款基本訓練的運動連身泳褲 Speedo Fit Pinnacle KB，強調強化抗氯，迅速快乾，非常耐用，因為有運動復健師的參與設計，同時具有調整身體姿勢的能力，是游泳訓練時的好幫手。

練功晉級，提升訓練度的高階品項！

初階訓練最重要的考量是泳裝的耐受性，隨著泳技及訓練量的提升，具備高水阻效果的裝備

訓練級泳裝分級表
看看自己需要哪種訓練泳衣？

坊間各大泳衣品牌也有製作泳裝分級表，但以 Arena 的 Weight Training 系列最為專業，說明也較為清楚，它是根據游泳選手在不同訓練等級下，再細分不同的科技素材。從 Arena 依游泳強度所做的泳衣材質說明圖，可以檢視自己在不同訓練階段，適合哪種材質與功能的泳裝。

訓練等級	強度說明	泳裝等級	特色說明
高級	一天的練習目標：高級 3,000m 以上	建議選擇長時間競泳訓練且耐氯性強的 TOUGH SUIT 等級泳衣	是重視運動機能，耐久性良好的材質，適合賽前長時間密集訓練，專為游泳選手所設計
中級	一天的練習目標：中級 1,000~3,000m 之間	建議選擇 Weight Training 等級的泳衣	這是為了提升肌耐力，表面採用特殊蜂巢結構設計，增加水阻以達到訓練的效果
中級	一天的練習目標：中級 1,000~3,000m 之間	建議選擇與競賽款相同版型剪裁的 AQUA Training 等級泳衣	採高伸縮性素材，重視運動機能，尺寸已採競賽款，是賽前訓練的泳衣
首次練習	一天的練習目標：中級 1,000m 之間	建議選用專為初次練習且愛好游泳者所設計的 AQUA EXA 泳裝等級，擁有極佳舒適感	擁有良好的安全感厚質感布料，具有防撥水、耐久性強的特性，適合想盡快進入狀況的使用者

（圖表提供／Arena）

高級
耐氯性強
TOUGH SUIT

中級

模擬競賽感 AQUA TRAINING
負擔 UP 效率 UP WEIGHT TRAIN

首次練習 AQUA EXA

SPEEDO LZR RACER 鯊魚裝系列，採用輕量化及四向延展布料，讓泳裝更貼合肌膚達到全身加壓。（圖片提供／Speedo）

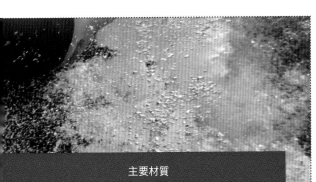

主要材質
採用具耐氯性的 Tough skin，不含聚氨酯，改善一般泳衣的缺點。Tough skin D 則保留 Tough skin 的特點，採明亮飽和的顏色，即使浸泡水裡也不會透明走光。Mat Ester BA 則比一般多 1.5 倍的耐氯性聚氨酯，色彩飽和度高，適度的伸縮性和耐久性，是最適合訓練的材質。Nux-FR 是伸縮性極高的布料，較一般高 1.5 倍的耐氯性聚氨酯基甲酸脂，具有防水特性
採 Honey Comb Ester 2 材質，其表面結構在水中能保留水分，提升重量感，水阻也隨之提高，能增加肌耐力來提升訓練目的
採 UROKO-SKIN 及 Double mat W 材質，前者提升泳衣厚度，表面壓花設計增加表面積。使用比一般材質多 1.5 倍的耐氯性聚氨酯，且附加防潑水功能。後者則編織垂直方向的微細溝槽，形成凹凸狀以產生微妙的亂流，可減輕水阻，採用不透光、高排水性的材質
採 Double ester FW 材質，能以適度的束縛力實現最佳壓縮比，達成縮小體積的目的。使用比一般材質多 1.5 倍的耐氯性聚氨酯，且附加防潑水特性

將是完賽的一大利器。一般泳衣著重於讓選手游得更快，Arena 的 Weight Training 泳裝系列卻反其道而行，特殊的蜂巢狀紡織技術，特意提升表面留水能力以提高水阻，達到選手期望的訓練效果。當你穿著高水阻的泳裝也能達到訓練目標，在競賽時自然如魚得水，暢行無阻。

勇往直前，競賽泳裝科技材質的極致！

關於降低水阻、提升速度這件事，泳裝科技一直沒有停止努力，深受美國奧運名將青睞的 Speedo 鯊魚裝，目前已進化至 LZR RACER 系列，顧名思義，鯊魚裝材質就如同鯊魚體表般光滑無阻，讓選手如鯊魚般全速前進。

鯊魚裝採用輕量化和四向延展的布料，讓泳裝更貼合肌膚達到全身加壓，踢水時可將肌肉的晃動程度降到最低。此外，它的特殊材質專利（LZR PULSE+）可以降低附水性，使泳裝迅速乾爽，無縫線製程讓表面更滑順，完全沒有一般泳衣因氣泡而產生阻力的狀況。搭配褲管的矽膠止滑貼片，跳水時也不會位移產生皺摺。鯊魚裝不愧是泳衣界的極品！

 達人這樣做！
如何延長泳衣的使用壽命？

一件好的泳衣不便宜，而它的最大剋星就是添加在游泳池裡的「氯」。氯會破壞泳衣的彈性纖維，讓泳衣越穿越不合身，因此泳衣大多會採用抗氯纖維以維持壽命。而以下 3 點良好的使用習慣，也可以幫助延長泳裝的使用壽命。

1. 入泳池前先以清水淋溼，避免含氯的泳池水直接吸附於纖維中。
2. 使用後盡快以清水用手搓揉洗淨，一般的洗衣粉或洗衣精都會破壞纖維組織，建議不要使用。
3. 以陰乾的方式，避免擰扭或使用脫水機、烘乾機。

包覆頭部與亂髮，全面保護雙眼！
挑對泳帽和泳鏡，開啟水中防護罩

除了一件適合訓練的泳衣，下水前別忘了戴上泳帽與泳鏡。一般室內泳池基於衛生考量，未戴泳帽禁止下水，戶外雖然沒有這種限制，但是在未知的水溫條件下，一頂好的泳帽可以保護頭部減少水阻，也可避免散亂的髮絲遮住視線或是纏繞到不明物體。同樣地，戴泳鏡也可在下水時妥善保護眼睛。

訓練用和賽事用的泳鏡和泳帽裝備並無太大區別。不過對鐵人來說，因為增加了戶外水域的因素，在選購泳鏡、泳帽時，也比單純在泳池訓練時多了一些考量，主要是戶外陽光直射干擾、開放水域中水下視線、戶外水溫不穩定等因素。以下分別整理出幾個泳鏡和泳帽的選購依據。

挑選好泳鏡應考量的 3 大因素

剛入門只要一支簡單的泳鏡即可下水訓練，但隨著泳技的增進、成績的要求，以及面對不同的訓練場域，對泳鏡的設計要求也隨之提升。市面上可選擇的品牌不少，較著名的有 Mizuno、Speedo、Arena、Olymate、SABLE、TD 等等。無論選擇哪一個品牌，泳鏡的水阻和舒適度主要受到三個因素的影響，分別是：視角、鏡面及墊片。當然，設計愈講究價位也越高。以下就選購條件細節做詳細說明。

選購條件 1 ▶ 泳鏡視角大，更有安全感

一般泳鏡的鏡面大小類似普通眼鏡，鐵人則可以選擇視角較大的泳鏡。這看起來有點像潛水鏡的泳鏡，在戶外水域可以擁有更寬闊的視野，不但可以看得更清楚，遇到突發狀況或要改變方向和速度，都可以快速做出判斷，讓人很有安全感。市面上有多款鐵人專用泳鏡，但若以賽事的現場來看，以 Speedo 所生產的一款寬視角泳鏡，較受使用選擇愛戴，評價也很不錯。

選購條件 2 ▶ 鏡面鍍膜，專為戶外水域設計

剛開始游泳的人習慣選擇無色的鏡面，或者以為只有無色這一種選擇。事實上，泳鏡和風鏡一樣有各種不同顏色，不同的色彩設計不是為了美觀或是搭配，而是提供不同的視覺功能。例如：綠色鏡面讓視覺更自然舒服，黃色則能增加明亮度。泳鏡鏡片顏色眾多，到底應該如何選擇？以下是各種鏡片顏色的功能，與適用環境對

泳鏡入門款與進階款比較		
	入門	進階
視角	一般視角	寬視角
鏡面	一般鏡面	鍍膜鏡面
墊片	有墊片	無墊片
價格（新台幣）	300 元～ 500 元	1,500 元～ 1,800 元

長得像潛水鏡的寬視角泳鏡，讓水中視線更明亮舒服。（圖片提供／ Speedo）

照表，你可以依照自己的情況，選用適合的鏡面鍍膜。

有一種鏡面鍍膜的泳鏡，則是專為戶外水域設計。因為鐵人在戶外水域訓練時，在陽光普照的狀況下水是常有的事，鏡片鍍膜讓你在水面抬頭時，能抵擋陽光直射所造成的眩光，減少視覺干擾，當然也有保護眼睛的作用。

選購條件 3 ▶ 挑選墊片與鏡片一體成形款式

泳鏡還有分有墊片和無墊片兩種，依使用者對游泳深入程度來挑選，因此在選購時要留意。

剛開始學游泳時，一般都會選擇有墊片的泳鏡，因為可以透過柔軟的矽膠墊片的輔助，讓鏡框和眼周服貼，任何臉型都可以在高密合度下避免滲水，同時，矽膠製成的墊片也不太會造成皮膚過敏。

在選擇有墊片的泳鏡時，建議挑選墊片與鏡片一體成形的款式，密合度和耐用度都比較好。

使用有墊片的泳鏡，應注意在每一次使用後，都以清水沖洗乾淨並晾乾，以防止矽膠提早老化。

當游泳訓練到達一定門檻，而有進階需求時，則建議最好選擇無墊片泳鏡以降低水阻。無墊片泳鏡的設計門檻比較高，因為必須考量不同的臉型、鼻形、顴骨形，而狀設計不同的鏡框，和有墊片泳鏡一種鏡框形狀用到底的設計很不同，價位自然也會比較高。

在選用無墊片泳鏡時，有兩點要注意：首先，一定要親自試戴，務必確認完全密合，以免進水。第二，各品牌通常會依據品牌所在地選手設計鏡框，因此，選用東方品牌的風險可能比較小，例如適合亞洲臉型的 Mizuno 或是國產的黑貂泳鏡。

依材質及剪裁設計，挑選適合的泳帽

在開放水域中戴泳帽，除了自我保護之外，還可以避免頭部直接接觸冰冷水溫，導致頭痛或腦部血管急速收縮等問題。事實上，泳帽在鐵人賽事中還有兩個十分重要的因素：一是在賽事現場通常是以泳帽顏色區分分組的梯次，大家依規定戴帽子有利於主辦單位管理；其次是泳帽可以有效降低水阻、加快速度，搶得上岸先機！

同樣，泳帽品牌也琳瑯滿目，除了泳具廠商，許多運動品牌也都生產泳帽，當然，泳帽也會因材質而有不同功能與價差。我們針對初階和進階泳者，在以下表格簡單比較了市面上的泳帽，讓你在了解不同材質和剪裁設計後，為自己選擇適合現階

不同鏡片顏色的效果與適用環境	
鏡片顏色	效果與適用環境
灰色	能吸收各種波長的光線，能感受到較自然色調的視野
綠色	能吸收與眼睛視感度相同的特性，眼睛不易疲勞
褐色／粉紅色	能多吸收青紫系的短波長光線，可清晰地觀看遠景
黃色／透明色／橙色	可確保明亮的視野，適用於室內及陰天時
藍色／紫色	藍色系為短波長的光線，故透視率高且可吸收炫目的黃色光線

段使用的泳帽。

初階選用款——布帽 VS. 一般矽膠帽

初階泳者選用矽膠帽或布帽都適合，它們之間的差別在於：矽膠泳帽擁有良好的彈性，配戴時感覺比較緊，表面防水，可以減少游泳時的水阻，也能避免頭髮、頭皮直接接觸水，提供游泳時的頭部保暖。

布帽，其實是用聚酯纖維製作的，雖然沒有矽膠泳帽低水阻和防水的優點，但是容易穿脫，對剛入門的初學者或兒童來說，使用上很方便，花樣及色彩也比較豐富！另外也有合成的泳帽，就是外層是矽膠塗層，內層為聚酯纖維的尼龍布料，特色是防水保暖且不咬頭髮。

進階專用款—— 3D 矽膠帽 VS. 合成帽

專為競賽型選手設計的進階矽膠帽，價位是一般矽膠帽的十倍以上，主要是因為設計和製造的不同。

競賽專用的矽膠泳帽，大多採用一體成形無

由左至右由上而下分別為 3D 矽膠帽、布帽、合成帽、防寒帽。（圖片提供／ Speedo、Blueseventy）

接縫的 3D 製造模式，以提升選手表現，戴在頭上剛好符合頭形，泳帽不會因為有多餘的空間而在帽頂產生皺摺，可以有效降低水阻。

另外，市面也出現一款複合式的合成泳帽，裡面是布外面是矽膠，結合二者的優點，是近年很受選手歡迎的品項。布帽配戴容易又不會夾頭髮，適合入門玩家；矽膠防水、保暖還能降低水阻，Speedo 結合兩種材質，並以三片式剪裁製作，達到更服貼的效果。

進階特殊款——防寒泳帽

防寒泳帽在國內比較少見，通常是歐美國家冬泳時出現的特殊裝備。不過如果有冬泳習慣，或是參加國外鐵人賽事，可以考慮添購。防寒泳帽採用類似防寒衣的材質，除了可以遮蓋耳朵，有些款式也能把臉頰包起來，是不是看起來就很暖和？！

泳帽入門款與進階款比較

	入門泳帽	進階泳帽
材質	布帽、一般矽膠帽兩款	矽膠、防寒材質兩款
剪裁	無特殊剪裁	3D 製造模式
價格（新台幣）	100 元左右	1,000 元以上

達人這樣做！

泳帽、泳鏡的正確配戴法

有人習慣把泳鏡戴在泳帽裡面，也有將泳鏡固定在泳帽外的選手，兩者沒有絕對的好壞，但在鐵人三項游泳項目中，一開賽即面臨「拳腳相向」的混亂場面，將泳鏡戴在泳帽內，能稍微降低泳鏡被他人撥掉的機率！

矽膠泳帽穿戴時需要一些小技巧，確認泳帽前後方向後，以雙手撐開泳帽，但避免用指尖、指甲部位戳到泳帽，然後從前額往後腦杓的方向套上，就可以完整的佩戴泳帽了。

冬季下水最溫暖的裝備！
低溫也不怕，游泳必備防寒衣

即使「鐵人三項」被封為現代「挑戰自我極限運動」的代名詞之一，但寒冷的氣候和冰冷的水溫，卻是多數鐵人選手的罩門。尤其是寒冷的冬天或初春的清晨，在面對鐵人三項的第一關——挑戰開放性水域的長距離游泳，即便是最優秀的長距離運動員，身體也很難招架得住，增加了挑戰的困難度。

「防寒衣」的誕生，無非是長年的歷史發展與等待中，鐵人三項參賽者或水上運動愛好者的一大福音。因為它不僅能夠讓身體的絕大部位，在運動時擁有足夠的保暖功能，並且不會侷限住各個關節的活動，還能夠提供浮力使身體在水裡多一份支撐，最有利於進行開放性水域的長距離游泳活動。

需求不同，材質及設計也不同

其實，防寒衣並非鐵人三項選手的專利產品，凡是水上運動如衝浪、浮潛、潛水或競速輕艇等，都會使用防寒衣來維持體溫。因此，因應不同的水中、水上運動，也讓防寒衣的剪裁設計及材質有所不同。

（圖片提供／Blueseventy）

以衝浪為例，為了長時間在海面上等待浪潮升起的最佳時機，其防寒衣的功能集中在提供「保暖」及「防曬效果」，因此它的剪裁設計並不適合大範圍或激烈的四肢活動，關節活動容易受到限制。

相較之下，鐵人三項的防寒衣設計，則是為了提供參賽者良好的活動力與保暖效果，並且要求穿脫方便，因此會選用表面較為光滑的材質，以提升速度、整體包覆性較高，且大多為後拉式拉鍊，適合強度高的游泳項目，Blueseventy、Orca、Rocket science、Profile Design 等，是市面上較知名的防寒衣品牌。

如何選擇適合的防寒衣？

但在挑選防寒衣時，建議最好親自到店家現場試穿。因為購買防寒衣時，最擔心挑選到不合適的尺寸，導致在賽事進行時，行動被限制住或是產生不舒適感。最忌諱在網路上訂購防寒衣，畢竟適合自己比價格昂貴來得實際且重要。

選購防寒衣時，價格也是因素之一，「需求方向」、「使用頻率」則會影響價格。如果常參與需用防寒衣的比賽、希望增進游泳項目的表現，建議購買價格較高、性能較好的防寒衣；如果只是為了參加一場比賽，避寒功能需求較高，則可選購性能較一般的防寒衣，價格也比較負擔得起。

在店家試穿時，有幾點建議也要多注意：
① 穿上後請先確認臀部與胯下是否貼合。
② 活動肩膀，檢查是否因尺寸不合而使活動範圍受限。
③ 最後確認是否會因為過度緊繃，而讓呼吸不順暢。
④ 如果需要穿防寒衣比賽，在賽前至少要穿三

A. 肋骨最下緣至膝蓋部分採用 4~5mm 厚度的布料，因為胸口需要較薄的材質，才好呼吸。
B.+C. 在肩膀及手臂使用低於 2mm 厚度的布料，以提升舒適性。（圖片提供／Blueseventy）

次以上的試游，每次試游都至少要與你的游泳項目耗時相同，以確保防寒衣在長時間運動下不會過度摩擦。

科技提升，防寒衣不只防寒還能提速

鐵人專用的防寒衣並非使用同一厚度、同一材質的布料一體成型，主要考量到肩關節必須要有很好的活動範圍，大部份高階的防寒衣在肩膀及手臂部位，都會使用低於 2mm 厚度的布料，以提升舒適性。為了增加保暖效果，在胸骨以下至膝蓋以上的部位，會使用4～5mm 的厚度包覆，同時也能增加浮力。

有些防寒衣，可在腰部及腳部的光滑材質提升游泳速度，手部的特殊粗糙處理，則可增加前手在划水的效率。（圖片提供／Orca）

以 Blueseventy 高階防寒衣為例，上肢防寒衣使用不同厚度的布料來製造，除了提升運動的活動度，並能更準確快速地完成穿脫。

除了特殊剪裁外，防寒衣表面的特殊處理，也是提升效能的關鍵。從增加腰部、腳部的材質表面光滑度，以提升游泳速度，還增加了手部材質以提升划水效率，例如 Orca S5 防寒衣，腰部及腳部的光滑材質，提升了使用者的游行速度，在手部特殊的粗糙處理，可增加前手划水時的效率。這些微妙的設計都是高科技的展現，把防寒衣帶到不只保暖，還能提升競賽成績的層級。

防寒衣正確穿法

凡事有一利必有一弊，在使用防寒衣獲得舒

一般款及高階款鐵人三項防寒衣比較表		
	一般	高階
材質	厚度較厚，活動性較差	厚度較薄，活動性較佳
保暖程度	較為保暖	較不保暖
剪裁	一塊式覆蓋全身 （布料數量少，每塊面積大）	較多塊布料組成 （布料數量多，每塊面積小）
價格（新台幣）	7,000~12,000 元	18,000~23,000 元

適度並成績提升前，要先學會如何正確穿上防寒衣，因為光是穿防寒衣都稍有困難度呢。

建議在不易流汗的環境下穿著防寒衣，因為身上的汗水容易增加防寒衣與身體的阻力。如果無法避免流汗，穿著時，可以先在手上套上與前臂同長的「塑膠袋」，因為塑膠袋不會與防寒衣的材質沾黏。套上手臂後，再如一般步驟穿上防寒衣，穿好後由手指方向把塑膠袋拉出，雙手雙腳都可以用相同這種方式穿上。穿上後確定胯下部位是否貼齊，肩膀活動不受阻礙即可。

 達人這樣做！
防寒衣的保養小撇步

穿著防寒衣在開放水域中游泳，泥沙容易進入防寒衣中，使用過後如果未以清水沖洗防寒衣而直接晾乾，下次使用時，殘留的泥沙會與身體摩擦產生不適感。

在泳池中使用防寒衣之後沒有清洗，游泳池中的氯也會破壞防寒衣的材質，使防寒衣彈性變差，容易產生破洞。而且無論是哪一種防寒衣，因為厚度較薄，容易因不小心的拉扯而產生破洞，增加保養照顧上的困難。

在此提供達然的使用經驗談，告訴你防寒衣的保養小撇步：

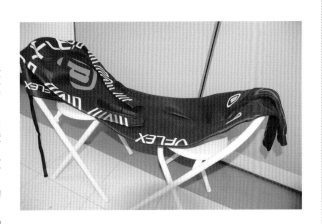

1. 使用完畢後，先用清水沖掉泥沙或泳池的水。
2. 平放晾乾防寒衣。晾乾的地點也很重要，請選擇陽光照射不到且通風的地方。
3. 風乾一天後，確認防寒衣所有部分都已晾乾，才能收起來。建議先在防寒衣上撒些痱子粉，再裝入密封的塑膠袋中；或是在塑膠袋放入防潮包，保持防寒衣乾燥。

用對訓練器材，泳技大躍進！
5個輔助小工具，提升水感及肌耐力

泳技要精進，除了耐力運動必備的「心肺能力」以及「肌力」之外，還需要掌握「水感」。就像跑步時掌握到節奏，優異的水感能讓人在水中更省力地活動。

在徐國峰教練的《挑戰自我的鐵人三項訓練書》中提到：「游泳時，水感是很抽象的自我感受，故而很難透過文字說明。」這是因為水中游泳不像陸地跑步，能透過具體的訓練了解。了解自己的「水感」，就像是掌握水中最佳的施力點和身體的控制，藉由正確的姿勢動作和肌力相互輔佐，可以用最省力的方式，快速達成目標。

要提升游泳時的表現，規律訓練當然是第一步，此外，還可以借助一些輔助訓練器材，幫助矯正動作及提升肌力，增進你的游泳技術！

訓練划手效率——划手板

划手板是用束繩配戴在手上的板子，加大手掌表面積，以增加划手過程中的水阻，就像在做陸上的重量訓練一般，增加阻力來提升上半身的肌群與肌耐力。另外，使用者在提升水阻後，對推水的方向與姿勢感受會更明顯，檢視自己的姿勢是否正確，以達到訓練目的。

從小型划水板開始，減少運動傷害

現在市面上已經出現各式各樣的划手板，較

左為一般有束繩的 Speedo 划手板，右為 FINIS 直覺式划手板。（圖片提供／Speedo、FINIS）

著名的有 Speedo、Arena 等，價位依尺寸大小從300～400元至700～800元都有。不同大小的划手板會產生不同的阻力，建議初學者或是女生，從較小的尺寸開始使用，以免水阻太大造成運動傷害。

直覺式划手板，能改善游泳姿勢

除了會增加水阻的划手板之外，還有一種體積較小的直覺式划手板。直覺式划手板與空手划水時的阻力接近，但使用者配戴時依舊可以明顯感受到划手、推水的感覺。同時因為沒有使用固定的束繩，一旦姿勢不正確划手板就會移位，使用者可以立刻察覺並修正姿勢。對初學者來說是相當不錯的訓練器材，可以很快提升划手效率和水感，調整到比較安全的運動角度。

訓練踢水效率——蛙鞋

蛙鞋的功能和划手板類似，也是透過提升水阻的方式進行訓練。在阻力增加的情況下，不但可以強化下肢肌力，也可以改善初學者膝蓋彎曲的小腿踢水的動作、踝關節的活動角度、踢水幅度過小等問題。不過蛙鞋的使用頻率必須斟酌，過量使用會造成踝關節不舒服。

挑選游泳專用蛙鞋，注意尺寸要合腳

選擇蛙鞋時，務必選用游泳訓練專用的短尾蛙鞋，而不是潛水的款式，價格約在 700 元（國產品牌如 Marium）至 1,400 元（進口品牌如 FINIS、Speedo 等）上下。蛙鞋和布鞋一樣要注意尺寸，以避免鞋子太大易晃動造成破皮，太小則會擠壓腳掌。

訓練平衡與協調——呼吸管

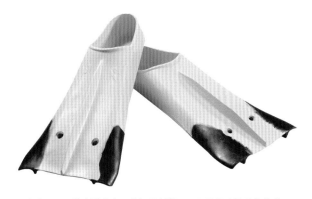

請務必選用游泳訓練專用的短尾蛙鞋，而不是潛水使用的款式。（圖片提供／FINIS）

呼吸管不只可以用在浮潛，也可以用在游泳的訓練上。若戴呼吸管，不需要抬頭換氣，泳者可將注意力集中在身體平衡，以及頭部的正確位置，進行手腳配合的協調性訓練。呼吸管對入門者或進階泳者來說，都是很實用的訓練器材，不少奧運游泳選手也會利用呼吸管進行訓練。

以中立式呼吸管為主

游泳訓練用的呼吸管和一般浮潛用的設計不同，主要是「中立式游泳呼吸管」，也有人稱它為「前掛式自由式呼吸管」，其實都是在講同一種東西。主要目的是用於訓練，將呼吸管配戴在頭部正前方，有彎曲的造型，泳者使用時必須保持正確姿勢與平衡，只要姿勢偏移，呼吸管就會

不管是專業泳者還是入門者，呼吸管都能提供很好的訓練效果。（圖片提供／FINIS）

圖為大浮板的使用方法。（圖片提供／FINIS）

進水；另外有頭部固定帶，避免呼吸管在高速衝刺下偏移。現在許多廠牌都有生產，但以 FINIS 最為著名，價位約在 800 元上下。

穩定節奏訓練強度──節拍器

游泳使用的節拍器，功能類似鋼琴的節拍器，不過體積小了許多，長相也不相同。一般會佩戴在泳帽或泳鏡靠近耳朵的位置，藉由節拍器穩定的聲響，穩定划手、踢水和換氣的頻率，維持適合的節奏。對鐵人三項的長距離游泳來說，穩定的節奏是讓選手維持適當強度的好方法。價位約為 1,000 ～ 1,400 元不等。

藉由節拍器發出的聲響，提醒使用者的動作頻率。（圖片提供／FINIS）

多功能訓練──浮板

浮板是大家最熟悉的訓練器材，不管是專業選手或是剛入門的泳者，都可以利用浮板來做各種不同的訓練。目前市面上的浮板品牌很多，從國產到進口都有，以功能來說，又分為「大浮板」和「小浮板」，價位更是五花八門，以著名的 SPEEDO 來說，小浮板價位約在 500 元上下，大浮板則從 700 ～ 1,000 元都有。

初學者從大浮板開始

大浮板通常運用在踢水訓練，因為浮力較大，適合初學者。而小浮板也可以進行踢水訓練，但因為浮力較弱，需要更多的核心肌群參與，更能達到刺激進步的效果。

小浮板＋划手板效果更好

另外，小浮板也可以夾在雙腿中間，增加下半身浮力，減少踢水的動作，讓使用者可以更專注於划手與換氣之間的動作。有時，選手會搭配划手板，達到更好的訓練效果！

PART 02

選對自行車及搭配，
鐵人完賽逆轉勝

　　如果說，游泳是決定鐵人賽事是否順利「完賽」的關卡，那麼游泳後的自行車項目，就是決定成績好壞的重要關鍵。自行車距離是三項中最長的一段，奧林匹克標準賽程的 51.5 公里，光自行車就占了 40 公里，這一項成績好壞足以拉大距離，甚至可能後來追上，彌補游泳時的差距。自行車項目也是鐵人賽事中，唯一需要借助器材——自行車——才能完成的項目，也因此選手腳下的單車成了鐵人最重要的夥伴，選對裝備，可以說成功了一半。

　　與風對抗的自行車項目，給了游泳落後的選手一個逆轉的機會，也是鐵人中速度感最強的一項，享受速度的快感，一起了解自行車的魅力吧！

圖片提供／Santini

自行車裝備全覽圖

計時帽

公路車

補給裝備

彎把

板輪

補水系統和補給裝備

公路車鞋

固定式練習台

功率計

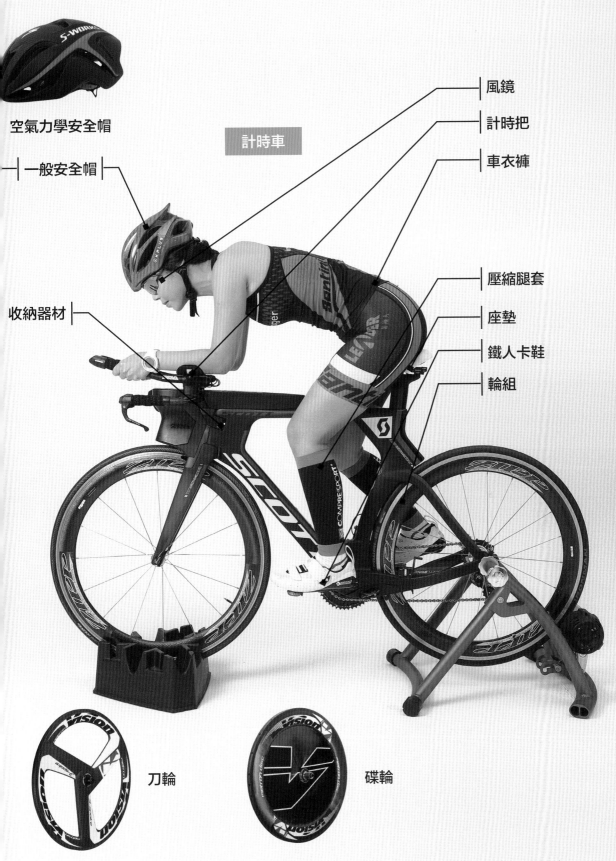

空氣力學安全帽

|一般安全帽|

收納器材|

計時車

風鏡

計時把

車衣褲

壓縮腿套

座墊

鐵人卡鞋

輪組

刀輪

碟輪

（器材提供／Scott、Cervélo、昇陽自行車、Frontier、Santini、Bont、和我一起愛運動工作室、樂比馳、SHIMANO、720 Armour）

公路車、三鐵計時車誰勝出？

選對車種，享受御風馳騁的競速快感

　　剛接觸鐵人三項的入門者，通常對游泳及跑步沒有太大的疑惑，但是遇到自行車時，心裡就會出現一句 OS：「一樣是騎自行車，為什麼一般自行車不行？」「什麼？鐵人三項的自行車還要另外買！！合不合理啊？？」「最低門檻要多少錢可以搞定啊？」……等等的問題。

　　為何鐵人三項或競速比賽的自行車車款這麼多種？這是因為專業的自行車產業，會根據不同的路線條件和自然環境，研發出各種車款；也依據不同地形、風向，搭配不同的輪組。配合不同路況裝備設計，可以降低地形上的障礙，增加前進的速度。

　　自行車項目也是賽事中很好的休息和補給過程，聰明的鐵人會在此階段好好地補充流失的體

（圖片提供／輕風俠）

力和能量，因此裝備上必須考慮補水系統和補給裝備。車上補給做得好，不僅保留體力、節省時間，更可大幅降低事故發生的機率。

所以，自行車不單是代步的車子或工具，以賽馬比賽來比喻，當「人馬合一」時，比賽就已跨越了成功的門檻。因此當鐵人與選用的車子搭配到天衣無縫的境界，也代表著專業鐵人想要成功完賽的決心。因此你必須看看，如何挑好騎又適合的車種，幫你快速完賽！

挑對鐵人三項自行車3原則

先說好消息，一般鐵人三項賽事，並無規定參賽車種；換句話說，即便是家裡的菜藍車，甚至阿公的鐵馬，都可以參賽！

但是比賽是有強度的，對身體有一定的衝擊，即便是鐵人三項裡最短的奧林匹克標準賽的51.5公里，或國際超級鐵人賽的226公里，光自行車項目，前者要完成40公里的騎乘，後者則需180公里，幾乎都超過總賽程的三分之二以上。在長距離中來自風阻、各種地形條件的挑戰，要無傷無痛地騎菜籃車或越野登山車完賽，恐怕不是每個人都辦得到。但是面對專業車種，例如公路車、三鐵計時車，入門者往往無所適從，以下就從不同階段的需求來比對，到底應該騎什麼車？

在認識鐵人三項的各種車種前，先釐清選車的3個原則，分別為：賽事目標、尺寸、預算。

挑對自行車原則1 ▶依賽事目標選車

一般鐵人賽事的自行車項目幾乎都在公路上進行，想要享受賽事甚至有好成績，公路車自然是最佳選擇。

前面提到，鐵人賽事並沒有限定車種，那為什麼不能選登山車呢？因為登山車適合騎乘越野山路，例如俗稱「Off Road」的泥地和石子路面，因此良好的避震器以及寬胎，都有助於在崎嶇的路面保持穩定。可是，對越野登山是優點的設計，放在公路車上卻變成了缺點，因為避震效果愈佳，速度愈不容易提升。

但在追求速度的鐵人運動中，每一分踩踏力量都要往前，所以公路自行車沒有避震系統、胎管也偏窄，才能飛快前行。公路車沒有避震器與窄管設計，還必須維持車身的舒適度和安全性，必然有相當的技術門檻，因此價位也偏高。入門的競賽公路車價位大約在25,000～30,000元之間，但對於剛踏入鐵人三項的新手而言，已經十分足夠了。

挑對自行車原則2 ▶依人體尺寸選車

同一款鞋有不同的尺寸，自行車也一樣，對於公路車的尺寸應該怎麼挑選呢？坊間有一個自行車尺寸對照表，或許可以提供參考。但是就過來人的經驗，建議除了看好車款及型號外，最好能至現場親自試車。畢竟不管是比賽還是練習，每次騎乘都是20公里以上的距離，建議從跨下高度、立管長度、坐墊高度、坐墊後移、坐墊至把手距離等等，都必須現場測試並考慮清楚。最好能到提供「Bike Fitting」服務的實體店面，透過人車實體騎乘姿勢，將車子狀況調整到最佳狀態！

登山車與公路車的性能差異		
	越野登山車	入門公路競賽車
避震器	有	無
輪胎外形	寬胎、深紋	窄胎、淺紋
入門價位（新台幣）	大約 8,000~10,000 元	大約 25,000 ～ 30,000 元

自行車尺寸對照表

跨下高度	74～77 公分	78～81 公分	82～85 公分	86～89 公分	90～92 公分
A 立管長度	48～50cm	51～53 cm	53～55 cm	56～58 cm	59～60 cm
B 坐墊高度	66～69 cm	70～72 cm	73.2～76 cm	76.8～79.5 cm	80.4～82.2 cm
C 坐墊後移	4.5～-5.5 cm	5.5～6.2 cm	6.5～7.2 cm	7～8 cm	8～8.7 cm
D 坐墊到把手距離	46.5～48.5 cm	49～52 cm	53～55 cm	55.5～58 cm	59～60.5 cm
E 坐墊把手高低差（競速用）	7～8 cm	8～9 cm	9～10 cm	10～11 cm	11～12 cm
F 坐墊把手高低差（長途用）	4～5 cm	5～6 cm	6～7 cm	7～8 cm	8～9 cm

※ 此數值僅供參考，仍以個人體格狀態為準。（圖片提供／ Scott）

 自行車小知識
什麼是「Bike Fitting」？

光是選對車架尺寸不代表車適合自己，每個人的手腳長度不同，因此坐墊高度、把手寬度和龍頭長度等等，都非常重要。選一台車就像訂製一套西裝，師傅會依照腰圍、肩寬等等，設計一套獨一無二的西裝，同樣，騎士也要有不同的自行車設定，而幫你調整設定自行車的師傅，所做的客製化設定就是「Bike Fitting」了。測量車主的跨高、手長、柔軟度以及騎乘經驗等，調整出適合的坐墊高度、坐墊位置、龍頭長度以及把手位置，讓車主可以發揮出自行車 100% 的潛能！（圖片提供／ Specialized）

Specialized 的 BG Fit 人員正在為車主調整符合身形的車輛配置。

入門車款重量和配件雖不及進階款，但已足夠應付入門的訓練和比賽。（圖片提供／左圖 Specialized、右圖 GIANT）

挑對自行車原則 3 ▶ 依預算挑選適合車種

一般能符合競賽需求的入門公路車種，價格大約在新台幣 25,000 到 30,000 元左右，大多採用鋁合金製作，雖然比較重一點，但作為剛入門的鐵人訓練、比賽用車，已經非常足夠。

台灣有自行車王國的美譽，有許多入門車種可選擇，像耳熟能詳的 Giant 的 TCR1、Specialized ALLEZ SPORT 等，都很適合做為踏入鐵人自行車訓練的第一部車。

不過俗話說：「一分錢，一分貨！」想要更高檔的公路車來進行長距離挑戰，也有相對應的車款。而且隨著訓練量增加、參與賽事頻繁，可以選用三鐵計時車、空氣力學車等更進階的車款。進階車款主要以碳纖維製成，價格帶落於台幣數萬元至數十萬之間。

碳纖維車除了輕量化之外，其材質也容易打造出特殊造型車架，達到更好的強度和流線型！進入專業進階車款的世界，會發現其中蘊含許多高科技知識與設計工藝的美學。

碳纖維多變的特性，可以製作出更符合需求的造型，但價格相對偏高。（圖片提供／ GIANT）

進階玩家怎麼選？
三鐵計時車 or 空氣力學車？

經歷過數場賽事挑戰後，選手心中可能會為自己設下未來的目標，也開始對適合自己的車款，有了比較明確的輪廓。這時即可針對市面上的車款進行更多的了解，在預算許可下，為自己挑選一步「良駒」。

特殊設計,三鐵計時車陪你征服長距離

三鐵計時車只是公路車款中的一種,並非一定要騎三鐵計時車,才會有好成績。我們先來了解三鐵計時車和一般公路車的幾點差異:三鐵計時車車身較重、頭管長度較短、有休息把、座管角度較大。

首先,三鐵計時車比起一般公路車,車身較重,可減輕長距離平直路線騎乘時的體力耗損。再者,一般公路車的坐管角度比較小,適合爬坡,因為這個角度比較容易用到臀部肌群的力量。而計時車的坐管角度較大,身體可以前傾向前延伸,讓髖關節動作更靈活。

另外,頭管的設計也不同,一般公路車為了讓騎士在上、下坡及平路間轉換騎姿,頭管設計得比較長。三鐵計時車頭管比較短,選手可以壓低上半身,達到更低的風阻。且三鐵計時車休息把的設計,也利於選手長距離騎乘時休息。

想挑戰什麼賽事也是挑選的考量之一,若是距離較長的 IRONMAN 113 公里半程超鐵或超鐵 226 公里,建議使用三鐵計時車。因為計時車車架的低風阻設計,能幫助選手獨自對抗長距離的挑戰;而奧運標準距離則建議使用一般公路車,奧運標準距離的自行車項目僅有 40 公里,節奏相對較快,一般公路車更適合面對頻繁的加速減速和過彎。

長距離賽事動輒 3 小時甚至接近 7 小時,如此長的時間要在車上保持最佳狀態,除了

> 左為一般公路車、右圖為三鐵計時車,兩種車款的騎乘姿勢與車架比較。

座管角度小爬坡時,有利臀大肌出力。

頭管長度長,更加靈活運用上半身不同姿勢。

座管角度大,讓身體更能向前傾

頭管長度短,利於上半身趴低

舒適感還要倚賴良好的補水、補給系統。以 Specialized 與 Scott 的三鐵計時車為例，它們同時將水壺、補給收納袋等零件，融入車架的設計當中，一來考慮到良好的空氣力學效果，二來方便選手比賽過程中的能量補給。

▶進階 2
借風使力的空氣力學公路車款

為三鐵計時車，利於 113 公里、226 公里賽事的長距離挑戰。（圖片提供／ Scott）

一般公路車與三鐵計時車的差異

	一般公路車	三鐵計時車
車身重	較輕	較重
頭管長度	較長	較短
座管角度	較小	較大
休息把	可有可無	一定要有
適合賽事目標	奧運標準距離 51.5 公里中，自行車必須騎乘 40 公里以內	半程超鐵 113 公里或超鐵 226 公里中，自行車必須騎乘超過 90 公里以上距離
價位（新台幣）	大約 25,000~200,000 元	大約 50,000~200,000 元

科技不只發揮在三鐵計時車上，一般公路車上也可以發現科技的精彩。過去一個品牌旗下可能只有一款一般公路車，但隨著運動科學在各領域愈來愈專精，於是也開始發展出不同功能取性的公路車。

另外，「風阻」是選手騎車時會面臨到的最大阻力，「低風阻」也是各大廠商不斷研發、

將補給的收納系統整合到車架中，讓速度及便利性都提升。（圖片提供／左圖 Specialized、右圖 Scott）

致力克服的技術。尤其在台灣,無論由北往南騎或由南往北騎,總會遇到強力季風吹拂,甚至會出現「定桿」或「鬼打牆」的情況。因此有不少廠商積極投入研發「空氣力學車」,就是專門針對抗風阻而研發的車款。

台灣知名品牌 GIANT 就將一般公路車車款分成「講求反應速度的 TCR 系列」、「適合巡航的 Defy 系列」以及「主打空氣力學的 Propel 系列」三種款式。其中以「空氣力學見長的 Propel」在鐵人三項比賽裡最常看到。Propel 將很多計時車概念導入公路車中,包含低風阻的整合式剎車夾器以及特殊的低風阻管型,很

一般公路車,在彎道較多的奧運標準距離 51.5 公里有更好的發揮。

公路賽的車款和零件都必須符合 UCI 認證才能夠在賽場上使用。

 自行車小知識
公路計時車也可以用在三鐵比賽中嗎?

有三鐵計時車,當然也有公路計時車!像是 Specialized 或 Cervélo 等廠牌,就有針對純公路賽事和鐵人三項,推出不同的計時車款。不過,公路賽的比賽用車必須符合 UCI(國際自行車聯盟)認證,包含車架的管型、車架角度以及整流設計都有嚴格規範,像是車架外型有比例上的限制,以及不得加裝額外的整流裝置等等。鐵人三項的規則就沒有那麼嚴格,所以才會出現同一型號的計時車卻有兩個版本。

GIANT Propel 將很多計時車概念導入公路車當中。（圖片提供／ GIANT）

適合以平路為主的鐵人三項自行車項目。

另外，同樣擁有空氣力學公路車的，還有 Cervélo 以及 KUOTA 等廠牌，都是利用扁平的管型，降低騎乘時車身風阻以達到更快的速度。其中 Cervélo 早在 1996 年就開始研究將空氣力學導入公路車架，是此技術的先驅，看得出當初的前衛設計思維。

不過，台灣的地形不容易找到完全平坦的路線，常常會遇到短程爬坡，因此反應靈敏的車款，反而比空氣力學車更適合這樣的比賽環境。像是 KOUTA KOM 系列車款，纖細的管型雖然比不上扁平管型的低風阻，但輕巧的車身和靈敏的反應，在丘陵地形上更顯優勢。所以說，其實空氣力學車與靈敏反應的車各有特色，根據賽事路線選對車，才是關鍵。

特別的是 Cervélo 在最新款的 R5 公路車款

Cervélo S5（左圖）以及 KUOTA KAYON（右圖），利用扁平管型降低車身風阻，達到更快的速度。（圖片提供／左圖 Cervélo、右圖 KUOTA）

KUOTA KOM 輕巧的車身和靈敏的反應，在丘陵地形上更顯優勢。（圖片提供／KUOTA）

 達人這樣做！
計時車也有平價的入門款

公路車有入門和進階不同價位的車款，難道計時車就只有動輒 8 萬、10 萬的選項嗎？當然不是，計時車也有入門款。因為過去國內鐵人運動較不普及，只有經驗豐富的車友才會選購計時車，因此廠商大多不會引進平價款增加庫存負擔。隨著鐵人運動廣為大眾接受，也陸續出現許多平價的基本款計時車，像國產 KHS 就推出價格不到 4 萬元的計時車，滿足入門鐵人的飆速夢。（圖片提供／KHS）

融合「輕巧」和「空氣力學」的 Cervélo R5，會是一台適合台灣鐵人路線的「黑馬」。（圖片提供／Cervélo）

上，將「輕巧」和「空氣力學」融合了！過去的 R 系列是針對爬坡而設計的車款，纖細又輕盈的車身是重點，最新款的 R5 重新設計車身外形，同時擁有兩項優勢，看來會是一台適合台灣鐵人路線的「黑馬」。

除了車種，選對升級配件，成效更出色！

　　介紹了哪麼多種入門及進階的鐵人三項車款後，配件當然也不能失色，車衣褲、風鏡、車鞋卡套、安全帽等等也要一應俱全，才能騎來有風。騎了一陣子的長程訓練後，或許你會開始覺得卡卡的或騎得不舒服。事實上，想要自行車項目表現更為出色，只有合身的車架是不夠的，因應長時間的騎乘訓練及強度，許多零件也會隨之升級。因後面的單元將開闢自行車進階版，介紹當你想要升級坐墊、輪組甚至把手時必須考量的細節。

自行車小知識
風阻、風洞實驗室與空氣力學車

風阻，是因為物體移動時的空氣擾動所產生。想像在汽車高速行駛時將手伸出車外，以手掌整面迎風時，會感受到與手掌對抗的極大力量，這就是風阻。而迎風面積越大，風阻越大。

拜工業技術進步之賜，讓原本一成不變的單車，不但有多變的造型，也可改變車架管材的形狀來降低風阻。扁平的造型比傳統的圓管，更能降低風阻，因此被大量採用在三鐵計時車上，近年更引用到高階的公路車體上，形成主流。

風洞實驗室起初是用在飛機的設計上，現在 F1 賽車甚至自行車，都送進風洞實驗室進行測試，作為設計調整的依據。除了單車之外，輪組、車鞋、安全帽等配件，都成為的對象。

圓管在迎風時容易受空氣擾動，扁平造型則能降低風阻。

隨著運動越來越專精，F1 賽車甚至自行車都進風洞實驗室進行設計的調整。（圖片提供／ Specialized、Scott）

透氣、排汗、合身，外加補給拿取方便的小設計！

挑衣選褲，一路騎乘的貼身夥伴

鐵人三項比賽專用的競賽服就是「鐵人服」，在後面的賽程介紹時會詳加說明。鐵人服雖然也適合騎車時穿著，但鐵人服價位較高，所以一般並不穿著它做自行車訓練，而是穿騎車專用的自行車衣褲。

車衣褲對鐵人來說是非常重要的人身部品，因為長時間騎乘，穿著舒適非常重要。因此大部份的車衣褲都採用彈性好、排汗性高、質地輕柔的布料製作。以下除介紹車衣及車褲的採購外，並介紹其他可能會穿戴的袖套、腿套或風衣、單車內衣等等。

挑選 3 重點，找出合身好車衣

選購自行車車衣的重點，在於透氣、排汗及合身。自行車訓練動輒兩三個小時，不管是冬天還是夏天難免汗流浹背，因此車衣的排汗與透氣性是挑選的重點。另外還有些小設計可以留意一

貼身的車衣可以有效降低騎乘時的阻力。（圖片提供／Frontier）

排汗透氣好的車衣，可以有效將汗水帶離皮膚，減少黏膩的不舒服感。（圖片提供／Santini）

下，相信絕對能買到適合的車衣！

採購重點 1 ▶ 排汗透氣很重要

目前市面上的自行車車衣，大部分是以 100% 的 POLYESTER 所製成，另外也有萊卡（LYCRA）材質，強調彈性及包覆度，但多用在車褲上。無論是 POLYESTER 或萊卡都有不錯的排汗效果，透氣性也不分軒輊，觸感也較其他材質好，重點是穿在身上會感覺涼爽、不悶熱。建議可以對著自行車衣布料用力吹氣，感受一下是否有風透至背面，若有，且感覺涼爽不會溼，就可以知道這件衣服的透氣效果還不錯。

最近很多衣服都標榜有吸溼排汗的效果，但吸溼排汗的布料等級很多，效果也不相同，挑選時要注意能否有效將汗水帶離皮膚，減少黏膩的不舒服感。

市面上的吸溼排汗布主要分兩種：一種是吸溼排汗織布，表面透過細溝槽構造產生的毛細現象，經由紗織芯吸、擴散、傳輸等作用，將汗水迅速帶至布表面蒸發，排汗效果較佳、能達到導溼快乾的目的，而且效果是永久性的，當然價格也比較高。另一種是將布塗浸吸溼排汗藥水，浸的時間會影響功能性的使用長度，洗滌會使排汗效果漸漸失效，價格上也沒有前者來得高。

採購重點 2 ▶ 剪裁合身舒適是王道

另一個考量要素是「合身」。穿著寬鬆 T 恤隨風飄揚絕非帥氣，每一分多餘布料都會成為騎乘時的阻力，想像帶著降落傘騎車有多費力呀！不合身的車衣除了影響速度，也會對排汗透氣性造成影響。車衣貼合肌膚可以在第一時間帶走汗水，不合身的車衣不容易排汗，這也是為什麼專業選手的車衣總是非常貼身。

是否合身，必須買家親自試穿才準確。而且一件好的車衣常使用三至四種不同布料，針對領口、袖口、上衣後背彎曲處加強剪裁設計，穿起來才會合身舒適，不會有卡卡或磨擦的感覺。一件好的車衣經過清洗，將衣服上方便車工的硬化

設計在腰後的車衣口袋，可以減少騎乘時的干擾。

劑給洗掉，會顯現出應有的柔軟質感。

影響車衣價格的因素，除了前述的布料材質、剪裁設計外，還有品牌的故事和歷史，像是贊助過的金牌選手或是參與過的經典賽事等等，增加了品牌的附加價值，很多進階車友因此成了品牌的愛好者。這類經由品牌加冕的車衣，價位大約在 4,000 ～ 5,000 元以上。

不過對於入門車友來說，可以先不考慮品牌故事，挑選合身的款式就足夠面對騎乘訓練的挑戰了。近年來台灣車友和鐵人人口遽增，車衣品牌不管是國外代理或本土研發，品質都

達人這樣做！
冬夏皆宜的長袖車衣，
女騎士不怕曬黑

日常當中似乎只有冬季才會穿著長袖衣物，但對總是在戶外努力的自行車騎士來說，長袖車衣是個不錯的選擇。特別是女騎士，最怕夏天從事戶外活動被曬黑！車衣布料透氣排汗，不會悶熱不適，反而可以有效阻擋紫外線。

值得信賴。像是台灣品牌 Champion System 及 Frontier、義大利品牌 Santini、還有 PEARL IZUMI、Atempo，都是很好的選擇。價位大約在 1,000 ～ 3,000 元之間。

採購重點 3 ▶ 注意特殊的口袋位置

車衣是否有口袋也是重點。車衣口袋一般都設計在背後，因為騎車姿勢是略為前傾，長途騎乘需要攜帶補給品和零錢，為防止口袋中的物品掉落而設置於背後，而且也不會干擾踩踏時的腿部活動，騎乘時取物也方便。目前車衣口袋有的設計為鬆緊帶，有的是拉鍊設計，視個人使用習慣與取物方便為準。

掌握好車褲 2 要點，騎乘更舒適

車褲和我們平常看到泳褲、緊身運動褲最大的不同，在於跨下的褲墊。對初學者來說，長時間騎乘後最痛苦的不是痠痛的雙腳，而是臀部的不適，所以可以給臀部良好的緩衝的矽膠發泡材質，是選擇車褲褲墊的首要考量。緊身且延展性佳的布料及合身的剪裁，能減緩肌肉拉伸運動的疲乏，以及降低大腿內側與車坐墊的摩擦。

採購要點 1 ▶ 注意褲墊彈性及縫線細緻度

合適的褲墊可以降低大腿內側與車坐墊的摩擦，更可降低騎乘造成的屁股疼痛。在選購時最好能實際觸摸褲墊彈性、縫線品質和細緻度。想像你穿著一件縫線粗糙的車褲，在跨下磨擦是多麼痛苦的一件事！

品質好的褲墊會利用不同彈性、材質達到不同的效果。舉例來說：坐骨接觸的部分要有比較高密度高支撐性的材質，避免長時間騎乘後失去彈性；跨下區域則使用較輕薄透氣的物料，減

褲墊、緊身且延展性佳的布料，及合身剪裁的設計，是選擇車褲的考量，右為褲墊。（圖片提供／左圖 Santini，右圖 Frontier）

自行車小知識
車褲褲墊的設計解剖圖

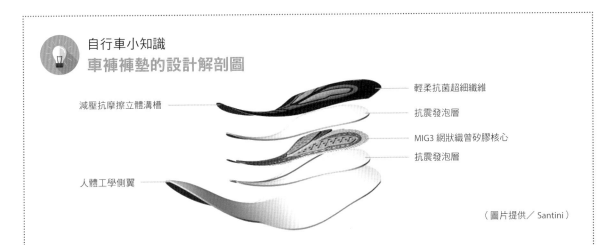

減壓抗摩擦立體溝槽

人體工學側翼

輕柔抗菌超細纖維

抗震發泡層

MIG3 網狀織曾矽膠核心

抗震發泡層

（圖片提供／ Santini）

達人這樣做！
褲墊和單車座墊一樣男女有別！

男女生理結構不同，所以車墊設計也有區分，一般人以為用墊片大小辨別男用或女用，這其實不正確。主要還是以墊片外觀區別，男性褲墊前後較長以保護重要部位，左右較窄；女性因骨盆較寬，褲墊設計是前後較窄，左右較寬。除了曲線版型及尺寸不同外，區分的重點在男生的墊片設計會有中間導構槽設計，女生則無。不過，一般對初學者而言，對於車褲的男女之別，感受度不大。通常都要騎出心得才會驚覺車褲是需要分出男女的。

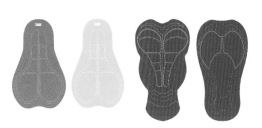

左圖為女性車褲褲墊，右為男性車褲褲墊。

（圖片提供／ Frontier）

合身的剪裁能減緩因肌肉拉伸運動的疲乏，增加運動的時間。（圖片提供／Santini）

少皺折和摩擦的不舒服。不妨翻開褲墊用手指捏捏看，感受一下。最好能試穿並坐上車子踩踏一下，檢視大腿內側與座墊是否會磨擦或不適。

採購要點 2 ▶ 合身剪裁且高度包覆

不論短、長車褲一定要合身，因為穿著緊身車褲有利於踩踏動作，還可降低風阻增加運動效能，合身剪裁能減緩因肌肉拉伸運動的疲乏，增加運動的時間。所以布料多採用高透氣、高包覆度、高彈性的萊克布，它緊身但延展性佳的材質能完全包覆與支撐肌肉，減少乳酸堆積、減緩肌肉酸痛及疲累感。試穿感受一下是否緊實且完整

達人這樣做！
清洗車褲的小撇步

雖然車衣褲價格不算高，但由於車褲內不穿內褲，於是有些人會用清潔劑清洗。不過，很多車褲的內墊是使用特殊的合成透氣泡棉材質，用了冷洗精、柔軟劑等，會降低內墊的品質與壽命。新買的車褲建議先看一下產品標示的清潔方法。一般其實用清水沖洗即可，若不放心，水晶肥皂搭配手洗就可以了。清洗時加強洗濯墊片部位，以手擰乾、掛起來晾乾，頂多再將墊片翻面曬太陽即可，切記不可用衣架撐開車褲。

地包覆，但又不致於壓迫到「重要部位」，如能完全包覆且活動沒有壓迫感、沒有磨擦或不適，那就是「完美」的車褲！如果沒有完整的包覆感，建議試穿小一號。

出產車衣的 Champion System、Frontier、Santini 等品牌，也都是車褲品牌不錯的選擇。跟車衣不同的是，車褲好不好關係重大，建議投資較高一點，購買 1,500 元以上、有品牌的產品較有保障。

進階版車褲——吊帶車褲

除了平口車褲，還有一種穿起來像摔角選手的吊帶車褲。吊帶車褲的設計，是為了減少鬆緊帶對腰部的負擔，也避免在激烈運動中移位。有不少車友穿過吊帶車褲後，因感受其在背後跟臀部的服貼性，一旦穿了就「回不去」一般車褲了。吊帶車褲也因此成為騎士進階熱門選項之一！Frontier、Champion System 都是可以考量的品牌，價位約在 3,000 ~ 5,000 元以上。

3 項騎乘必備小物，御風奔馳更舒適

車衣與車褲價格落差非常大，千元以下到上萬元都有，只要注意前面所說的細節，其他沒有太多差異，剩下的就是個人品牌喜好與配色等等。不過現在愈來愈多仿冒品以超低價入侵市場，建議還是到有口碑的店家，才不會成了冤大頭。衣服難穿只是損失金錢，但山寨品多使用劣質染料，由於車衣褲與肌膚非常貼合，化學藥劑可能造成皮膚過敏以及肝腎負擔，要多加注意。

鐵人三項的自行車練習中，除了車衣、車褲之外，還有許多小物可增加騎乘中的舒適感或對抗台灣多變的氣候，小物的價格大約在千元左右，不貴但用處很大。

1 袖套、2 風衣、3 吊帶褲、4 有透氣小孔的單車內衣，都是鐵人們好用的配備。（圖片提供／依序為 Frontier、Santini、Frontier、Compressport）

幫手。尤其是攻頂後的下坡，可以利用風衣避免體溫驟降。部分風衣有防潑水設計，雖然抵擋不了大雨，但絕對足夠面對春季突如其來的綿綿細雨。有些風衣有反光設計，清晨或夜騎訓練時可增加安全性。

騎乘必備小物 3 ▶ 單車內衣

你可能認為內衣應該冬天才穿，夏天炎熱，少穿點比較涼快。但其實職業自行車選手騎乘時經常搭配一件單車內衣，因為單車內衣排汗快速且具高透氣，透氣小孔可避免因為汗水讓車衣沾黏在肌膚上。夏天排汗保持乾爽，冬天則可減少汗水，避免衣服溼答答易受風寒。著名的品牌有 U.CR+、OUTWET 和 Compressport 等等。

有些內衣會搭配加壓效果，讓肌肉有更好的包覆支撐性，減少肌肉疲勞。但請務必用手清洗，稍微擰乾、平放及陰乾即可，不要脫水，否則容易讓彈性纖維斷裂，讓內衣變大變鬆。

騎乘必備小物 1 ▶ 袖套腿套

袖套或腿套採輕薄透氣彈性布料，夏天防曬，冬天能抵擋寒風。尤其是腿套，在冬季騎乘時保護膝蓋不受冷風吹，是非常實用的小物。

騎乘必備小物 2 ▶ 風衣

單車風衣比一般運動外套輕薄，折疊後可收納在車衣後方口袋，是冬季爬坡時保持體溫的好

帥氣、流線、安全性，缺一不可！

保護頭部，自行車王者的勝利頭盔

在鐵人三項的自行車項目中，絕對不能草率看待，就是保護頭部的安全帽！自行車與機車的安全帽材質、外型大不同，品質卻一樣不能妥協，都必須選擇有安全標章品牌的裝備。不過自行車所有裝備都追求輕量化，因此即便自行車安全帽款式多樣化，但通常有以下特點：一定很輕巧、一定夠堅固，且必須有針對自行車騎乘需求的細節設計，例如：通風性或低風阻。

自行車帽的堅固來自採用 ESP、EPU 材質，這是一種比保麗龍密度還高的材料，能建構看似輕巧卻十分堅固的結構，在撞擊的瞬間，可以產生緩衝效果。

掌握 2 個原則，挑對自行車安全帽

自行車安全帽的品牌相當多，前往一般車店或大賣場都會看到許多國際知名廠牌的產品，像是：Lazer、LAS、MET、GVR、Ranking……等，這些品牌多數在結構和材質要求十分嚴格，並能做好安全把關，品質無疑。所以，只要把握選構原則，其他就是個人的顏色和款式喜好了。入門鐵人玩家建議考慮因素有二個：尺寸大小及符合頭型。

挑選原則 1 ▶ 選擇適合的尺寸

挑選自行車帽最好能現場試戴，只要尺寸合

一般安全帽最大的特色就是孔洞設計。（圖片提供／Lazer）

達人這樣做！

切記 !! 自行車帽撞擊過一次就要換

自行車安全帽只要撞擊過一次，不管外觀有沒有變形或龜裂，都要丟棄，千萬不能繼續使用。有些高價位的安全帽撞擊過後不容易變形，往往令車友產生錯覺，以為安全帽沒事而繼續使用。這樣很危險！不管多高價位的安全帽結構，都只能抵擋一次的撞擊，生命無價，這部分的耗損成本千萬不能節省！

適、能調整到適當的鬆緊度，就是尺寸合適的帽子。不過東方人與西方人頭型略有差異，初次選擇安全帽的車友，可以先考慮國產或亞洲品牌，像 GVR、Ranking 等，比較容易挑選到適合的款式。

挑選原則 2 ▶ 要能符合頭型

因為髮型的關係，頭型常常被選購安全帽的初學者忽略，有些人的頭型較圓，有些較扁，因此建議最好多試戴一些款式，感受頭部是否會因為有些角度而特別頂到帽子？如果沒有特別不舒服的感覺，就可以選購。

專為三鐵計時車設計及搭配的計時安全帽。（圖片提供／Lazer）

依等級挑選自行車安全帽

根據不同功能和騎乘需求，市面上有不同設計的自行車安全帽，大致分為一般與低風阻，而低風阻的安全帽又先後出現「計時安全帽」與「空氣力學帽」不同款設計。

入門等級自行車帽──
具有通風排熱的孔洞設計

一般常見的自行車帽，表面有孔洞設計。因為騎乘過程中體溫不斷上升，孔洞設計利於通風散熱，這是和一般機車安全帽最大的不同。不過並不是所有自行車帽都有孔洞設計，這是有其他的考量，容後再做說明。

一般安全帽的價位落差很大，入門的基本款價格大概在 1,000 元以內；隨著進階的需求，重量更輕、通風性更好或是細節設計更講究，價格也隨之升高，有些進口品牌甚至破萬元，例如環法車隊都使用碳纖維骨架一級安全帽 GIRO、國外一級職業選手使用的比利時 Lazer、義大利品牌 LAS 等等。

進階等級自行車帽──以低風阻設計為主

之前提到，自行車是對抗風阻的運動，尤其頭部是迎風的重要部位，因此在挑選進階款式安全帽時，也會將風阻設計考量進去。目前市面上常見的進階款產品中，還分了「計時安全帽」及「空氣力學安全帽」。

進階車帽 1 ▶ 流線型計時安全帽

 自行車帽小知識
貴的安全帽比較安全嗎？

安全帽的選擇，應該把握「先求有再求好」的原則，事實上只要通過標檢局檢測核可的安全帽，不管價格高低，都有一樣的防護效果！

無論價格高低，只要擁有標檢局認證標章，都有相同的保護效果！

計時安全帽的流線型線條，減少氣流擾動。（圖片提供／Scott）

綜合低風阻和透氣性的優點而設計的「空氣力學安全帽」，逐漸成為 51.5 公里距離的熱門款。（圖片提供／Specialized）

考量三鐵計時車較前傾的騎姿，計時車專用的安全帽後端有長尾設計，騎乘時，計時車尾巴會和背部平貼，呈現更流線型的曲線，讓速度更快。根據統計，同樣 40 公里的騎乘距離，計時安全帽比一般安全帽最多可以省下近 1 分鐘的時間。不過為了避免擾流，計時安全帽沒有挖洞設計，通風性比較不好，這是速度和舒適性兩者之間必須做出的取捨。

進階車帽 2 ▶空氣力學安全帽

一般安全帽透氣卻沒有計時安全帽的低風阻，計時安全帽又要搭配三鐵計時車才能有最好的效果，難道沒有折衷一點的選擇嗎？設計師們聽到大家的需求了，綜合低風阻和透氣性的優點而設計的「空氣力學安全帽」，就是最佳組合。

空氣力學安全帽減少表面孔洞數來降低風阻，但仍維持一定的通風性，後端沒有長長的尾巴，騎乘時比較不會受側風干擾，也成為目前奧運標準距離賽事的熱門款式。

達人這樣做！
自行車安全帽的正確配戴方式

自行車安全帽的重要性相信大家都明白了，而正確的使用安全帽才能達到應有的效果。配戴時帽體應保持前後水平，避免遮蔽視線造成危險，固定帶也應該調整至不會鬆動的狀態，固定在耳垂及脖子，避免造高速騎乘時脫落。

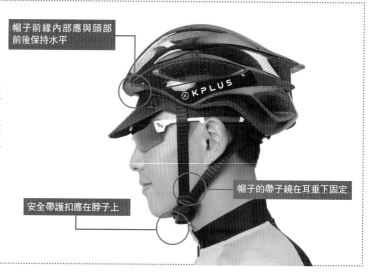

帽子前緣內部應與頭部前後保持水平

帽子的帶子繞在耳垂下固定

安全帶護扣應在脖子上

2-4
風鏡

貼合臉型、抗 UV，是挑選的不二法則！
靈魂之窗堅定地，盯著要前往的方向

每當鐵人賽事進行至自行車及跑步項目時，每位選手配載的風鏡，搭配專注的表情，往往是鐵人三項裡最帥氣的一幅活動影像。因此，即使不起眼，但風鏡卻是鐵人三項裡重要的造型配件之一，更是保護靈魂之窗──眼睛──的重要裝備。選對風鏡，不僅造型加分，對於訓練和賽事成績更有幫助！

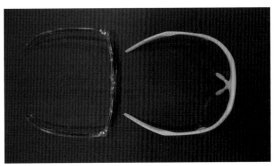

運動風鏡（右）的弧形鏡框，比一般眼鏡（左）更能貼合臉部。

風鏡的必選法則及加分項目

「風鏡和一般眼鏡有什麼不同？」剛接觸運動的朋友會類似疑問。確實，由於風鏡主要用於

自行車騎乘以及跑步，選購時必須留意是否適合戶外以及激烈運動時不易掉落，因此將選購原則分為必選項目及加分項目兩個部分來評斷。

運動風鏡抗 UV 的功能，能夠保護運動員的靈魂之窗。（圖片提供／Oakley）

必選法則 1 ▶ 鏡架弧形設計

挑選的風鏡最好能符合臉部弧度的曲面，貼合效果好，能有效阻擋高速騎乘時的來風，保持眼睛的舒適。

必選法則 2 ▶ 一定要有抗紫外線（UV）設計

在烈日下進行訓練，眼睛和皮膚一樣都要做好防曬，因為眼睛在長時間紫外線照射下，可能會形成白內障等視網膜病變。挑選風鏡時，最好要請廠商確認產品具有「抗紫外線（UV）功能」。

加分選項 1 ▶ 鏡片顏色

不同的鏡片視覺效果不同，如同之前在採購泳鏡時遇到的問題一樣，例如：黃色鏡片可以增加視覺的明度，適合陰雨天的訓練和賽事使用。但陸地上使用跟水中使用，鏡片顏色與效果多少仍會不同，因此列出不同顏色的風鏡鏡片視覺效果，供有興趣的車手可以參考。

加分選項 2 ▶ 輕量型鏡框

多數風鏡都採輕量設計，因為鐵人運動在路跑項目中會有較大的震動，如果風鏡太重，很可能會跟著跑步節奏跳動，造成視覺疲勞。什麼是適合自己臉型及鼻樑的負荷重量，還是要親自試戴才會知道。

風鏡大多是採輕量設計，方便活動。

運動風鏡鏡片色彩功效及適用環境		
風鏡鏡片色彩	**說明**	**適用環境**
灰色	有效降低光線強度，並提供最好的色覺感知性，戴上後能清楚地辨別景物原來的顏色。	各項運動都適用
墨綠色	能吸去熱氣，帶來清涼感，但透光度、清晰度略低。	適合休閒時防曬時配戴。
綠色	減少可見光入眼程度，但又不影響視覺清晰度。可使背景如綠色草皮亮度對比增加，達到吸光不反射效果。	最適合高爾夫運動時配戴。
棕色	吸收光線種類和綠片相同，但比綠色鏡片能吸收更多藍光及減少藍光光量效果，同時也減弱不同角度光線對眼睛的影響，使影像更清晰。	也適合高爾夫運動時配戴。
茶色	能抵擋住平滑光亮表面的反射光線，能看到物體最細微面。	適合駕駛時配戴。
黃色	淺黃色吸收藍光效果最強，素有「濾光鏡」之稱，可增強對比、明亮不刺眼，使自然界景物清晰。	適用於黃昏、夜晚、清晨、霧氣、雨天等環境使用。常見於射擊、打獵、夜間運動時配戴。
橘色	與淺黃色鏡片具相同功能，具增強對比效果，提升視力使人看得清楚。	適合陽光不強的戶外配戴，尤其是單車騎士選手適合。
藍色	藍光波長很短，人體在藍色光線中視野範圍很小，同時藍色最接近紫外線的顏色，跟紫外線一樣，容易對人的視神經產生傷害。	不建議配戴藍色鏡片的太陽眼鏡從事戶外活動。
透明色	主要功能在保護眼睛避免受到外物傷害，兼具室內造型效果。	適合夜間運動時配戴，防止飛蚊異物飛入眼睛。

（表格提供／ 720 Armour）

（圖片提供／ David Sun）

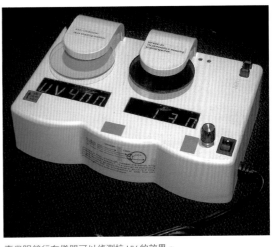

專業眼鏡行有儀器可以偵測抗 UV 的效果。

運動型風鏡價格不同，差異性在哪裡？

撇除夜市一支 150 元、來路不明的「運動造型」眼鏡不說，不同品牌的運動風鏡一支從 600 元到破萬都有，到底差在哪裡？

UV 效果等級影響差價

與名牌服飾一樣，風鏡也會因為品牌有價差，但就僅僅差在一個 LOGO 嗎？其實不然，抗 UV 功能是倚靠化學藥劑對鏡片加工，藥劑的差異也會影響抗 UV 的耐用度與年限，大廠投入研發壽命更長的款式，或是附加抗刮、防霧等功能，這些研發耗時費力。相較之下，一般風鏡可能沒有這些研發測試，僅針對「上市標準」做出產品，製造成本也降低許多。

或許大品牌的鏡片較長壽，但無論是高低價風鏡，鏡片的抗 UV 功能還是有壽命的。專業的眼鏡行都有儀器可檢測抗 UV 效果，定期帶著你的風鏡去檢測一下，別讓雙眼不開心！

選擇大通路、品牌產品，較有保障

市面上可見的風鏡品牌眾多，購買管道也非常方便，但為了避免買到山寨品，建議盡量到各大實體通路，例如值得信賴的自行車行或鐵人用品專賣店，選購有品牌、來源正常的產品。建議幾個口碑好的知名品牌：720armour、Oakley、Wensotti 或是 X-Force 等，也可以多多請教專賣店老闆，請老闆根據個人需求提供建議。運動風鏡保護眼睛的任務甚大，千萬別貪便宜而造成不可彌補的傷害。

達人這樣做！
近視或散光，風鏡怎麼挑？

有近視或有散光問題的人，在選擇風鏡時總是比較傷腦筋，最方便的解決方法就是配戴隱形眼鏡，這樣就可以隨心所欲的挑選風鏡款式。如果不習慣戴隱形眼鏡，較經濟的方式是使用可加掛近視鏡架的款式，只要一組一般光學鏡片的價格就可以入手。缺點是比較重選擇性也比較少。另一種方式是訂做風鏡鏡片，由於運動風鏡與一般眼鏡有弧度上的差異，因此在製作有度數的鏡片時，必須精準測量風鏡的弧度以及使用者瞳孔距離，這類須量身訂做的鏡片，價格甚至超過萬元。

卡式踏板、卡鞋選購指南！
御風競賽，上不上卡差很大

買了自行車後，馬上就會遇到要不要換上自行車卡鞋及專用卡式踏板，也就是俗稱「上卡」。許多入門車友剛開始騎車時穿的是一般跑鞋，隨著騎乘路線愈長、坡度愈陡，跟騎車隊愈來愈專業，多數會產生「上卡」的需求。尤其在分秒必爭的鐵人賽事中，「上卡」更是自然而然的事情。在討論如何選購之前，我們先來對自行車卡鞋有些正確的認識，以消除一些疑慮或恐懼。

卡鞋 2 大特色，高速騎乘更安全

「一定要上卡嗎？」「上卡真的會比較快嗎？」「穿跑鞋在轉換時不是更方便又安全嗎？」這是許多入門鐵人的疑問。大部分初入門者都認為卡鞋是困難而危險的，若不是為了追求速度根本就不需要上卡。但事實非完全如此，很多車友一旦上了卡鞋後便大呼「回不去了」。這是因為當身體熟悉了卡鞋的優勢後，不僅踩踏效率可以提高，高速騎乘時更安全。

特色 1 ▶能大大提高踩踏效率

首先，讓我們先來了解卡鞋和一般運動鞋在結構上的不同與特點。整個上卡的動作，是透過，「踏板主體」、「鞋底板」和「車鞋」搭配，把鞋底板鎖在車鞋鞋底上，鞋底板則可以扣在踏板上，達到固定的效果，大家通常會把這個動作，稱為「上卡」。

穿著卡鞋騎乘，方式與一般運動鞋不同，是用卡鞋拉提踏板形成一個圓形往前踩踏前進，就如同「車鞋與卡踏在行進中的運作模式」所示。過去我們穿一般球鞋、跑鞋騎車時，只能運用到下踩踏板的力量，同時一般鞋種鞋底較軟，產生變形反而吸收了腳踩的力量；卡鞋則可以幫助雙腳肌群在上拉時也參與，騎車時的肌肉運用會更全面，除了有機會騎得更快，也更不費力，騎得更遠。

特色 2 ▶能在高速迴轉速中確保踏板的穩定性

此為卡鞋和卡踏的構造，在車鞋鎖上鞋底板後，將踏板和車鞋結合，達到更好的踩踏效率。

許多朋友擔心「上卡」的危險性。事實上，在自行車高速迴轉中，未上卡反而會更危險。一般車手在騎乘時，必須靠手、屁股、腳三個點保持平衡，才能騎得穩定，而在高速迴轉中，腳容易脫離踏板失去平衡，如果這時候遇上路面顛簸或是下坡路段，不小心三個支點失去一個，這非常危險甚至會發生「雷殘」（摔車）的情況。相較之下，「上卡」可以讓腳牢牢固定在踏板上，不管是高速迴轉或在危險路段，都能保持踏板的穩定，提高安全性。

剛接觸卡踏的車友，也常會擔心下不了車所造成的危險，只要經過正確的練習，都可以輕鬆掌握上卡的技巧。

選購卡鞋 3 要 1 指導，
騎車效能一把罩

知道卡鞋與一般跑鞋對自行車的優勢後，接下來就是教你如何挑選「適合」的卡鞋及卡式踏板。

要點 1 ▶挑選玻璃纖維或碳纖維材質的鞋底

卡鞋大多使用質地較硬的材料製成，像是玻璃纖維或碳纖維，鞋底較硬不會彎折，非常不適合走路。若穿柔軟的鞋底騎車時會變形，就像鐵鎚中間隔了一層海綿，會吸收掉大部分的力量。卡鞋鞋底材質較硬就不會讓力量流失了。所以購買車鞋（即卡鞋）時，考慮的是騎車的「功能性」，並非走路時的舒適性。

同一品牌的卡鞋，鞋底愈硬踩踏效率愈好，價格也愈高。市面上主要的卡鞋鞋底材質，硬度分別是碳纖維＞玻璃纖維＞塑鋼。

透過卡鞋能確保車手在騎乘中，靠手、屁股、腳三個點保持平衡，才能騎得更穩定。

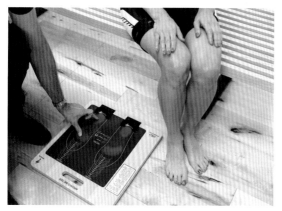

選購卡鞋時，除了腳掌長度，寬度也是重點之一。（圖片提供／Specialized）

心裡的小小疑問。鞋底硬度對舒適性其實沒有太大影響，影響較大的反而是鞋子的大小和寬度。台灣人的腳形普遍較寬，可以考慮寬版的樣式，像是 SHIMANO、Specialized 或是 Bont 都有寬版的卡鞋。

要點 2 ▶ 寬版卡鞋適合台灣人腳形

「很硬的卡鞋只適合專業選手用嗎？」「鞋底太硬穿起來會不會不舒服？」這是入門愛好者

要點 3 ▶ 挑選專業三鐵車鞋，穿脫方便

同樣是車鞋但還是有功能的區分，例如「公路車鞋」以及「三鐵車鞋」。這兩者有何不同？這兩種車鞋在鞋底構造沒有太大差異，主要不同在於鞋面的設計。

公路車鞋主要用於公路競賽，由於時常有突然的加速，或是要面對終點高強度的衝刺，為了應付這樣的賽事節奏，公路車鞋在設計上注重足

公路車鞋與三鐵車鞋的差異

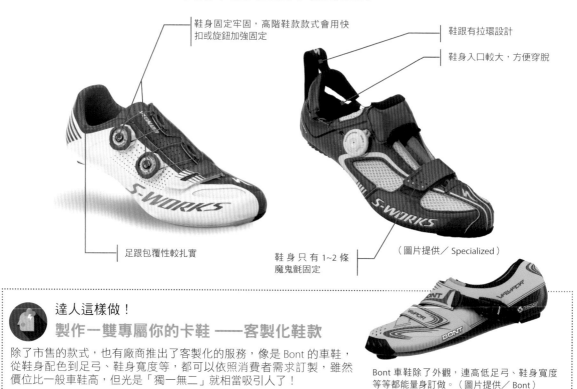

鞋身固定牢固，高階鞋款款式會用快扣或旋鈕加強固定

足跟包覆性較扎實

鞋跟有拉環設計

鞋身入口較大，方便穿脫

鞋身只有 1~2 條魔鬼氈固定

（圖片提供／ Specialized）

達人這樣做！
製作一雙專屬你的卡鞋 ── 客製化鞋款

除了市售的款式，也有廠商推出了客製化的服務，像是 Bont 的車鞋，從鞋身配色到足弓、鞋身寬度等，都可以依照消費者需求訂製，雖然價位比一般車鞋高，但光是「獨一無二」就相當吸引人了！

Bont 車鞋除了外觀，連高低足弓、鞋身寬度等等都能量身訂做。（圖片提供／ Bont）

利用橡皮筋將上卡的車鞋水平固定於車上，方便轉換上車。一般公路卡鞋沒有鞋跟拉環，無法這樣做。

將車鞋水平固定於車上。利用橡皮筋將已經上卡的車鞋水平固定在車上，游泳上岸後，可以馬上跳上車，不必再低頭穿鞋，減少轉換時間。

指導 1 ▶專業指導及適應訓練不能少

卡式踏板和車鞋已經屬於專門的競賽器材，需要經過一段時間的適應訓練，因此建議入門卡式踏板前，絕對要經過專業的車店或教練指導。卡式踏板不危險，危險的是在不會使用的狀況下貿然上路。

部包覆性，除了魔鬼氈之外，較高級的款式可能會用專利的快扣結構，方便車手在騎乘中微調。

而三鐵自行車項目較少劇烈加速，反而會希望在穿脫上更快速，便利不同項目間的轉換，所以在鞋面上大多只靠 1 ～ 2 條魔鬼氈固定。沒有鞋舌的設計，讓選手更快穿上卡鞋。

眼尖的讀者會發現，三鐵車鞋的鞋跟有一個拉環，這個拉環除了方便套上車鞋套上，也可以

你用哪一種卡式踏板系統？

上卡的騎士常會被問到「你用的是什麼系統的踏板？」卡式踏板有不同的系統，不同系統之間不能交替使用，必須使用各自專用的踏板和鞋底板。目前有三大系統 LOOK 系統、SPD 系統和 Speedplay，三種系統各有特色，也有各自的愛用者，用下表來分析各系統的差異之處。

三種卡式踏板系統比較

	LOOK 系統	SPD 系統	Speedplay 系統
踏板及鞋底板外型			
鬆緊度	藉由碳纖板與彈簧的彈性做鬆緊的區分：高階的版本較緊，固定性好；入門方便上下卡，緊度較低。	藉由彈簧張力調整，可以靠踏板上的微調螺絲調整。	張力接近，沒有調整的裝置。
鞋底板角度	藉由不同的鞋底板調整角度。	藉由不同的鞋底板調整角度。	鞋底板上有微調螺絲，可調整的幅度比較大。
特色	等級愈高的款式，踩踏面積愈大，使效率提升。	張力調整幅度大，同一組踏板，入門進階都適合。	調整幅度大，雙面都可以上卡，學習難度低。
等級與價位	入門等級價位約 2,000 元，頂級約 15,000 元，主要差異在重量、軸心材質、張力調整和踩踏面積。	入門等級價位約 1,500 元，頂級約 7,000 元，主要差異在重量和培林。	價格在 5,000 ～ 12,000 元之間，主要差異在重量和軸心材質。

（圖片提供／由左至右：單車喜客、三司達、樂比馳）

必備配件不可少，隨身補給站不求人！
無接縫補給，不浪費賽程一分一秒

「完成即是勝利！」一直是鐵人倡導的運動精神，這精神中最重要的就是——「獨立完成」。在漫長的賽事過程中，不借助他人之手而獨自克服困難，所面對的最的兩種狀況就是：「體力的消耗」以及「自行車故障」。只要能排除這兩個問題，至少有兩項必須做好萬全的準備：1.能量補給系統、2.故障簡易維修。

這兩者都和自行車騎乘息息相關，長距離的鐵人比賽動輒十個小時，會消耗極大的能量。雖然良好的訓練能夠讓身體承受長距離、長時間的消耗，但更重要的是如何做到賽程中的能量補給，尤其在自行車項目中，更無法避免必須進行多次的水及食物補給，以便有體力再戰下去。

器材故障的狀況多半也發生在自行車項目中，

將水壺固定在休息把上方便飲水補給。

因此如何自力救濟，以便順利完成賽事，成為鐵人三項裡最不容忽視的議題。

架構完善的必備補給系統

在前面介紹車款時提過，許多大廠都將「收納配件」整合為車架的一部分，可見收納的重要；好的收納配件讓車輛更簡潔，也方便選手在高張力的賽事氣氛中，快速找到需要的物件，例如；食物。因為拿取補給品的瞬間必須單手控車，引此補給方式愈順手，單手控車的不確定因素就愈能減少。我們來看看幾款常見且重要的補給收納設計。

必備補給好物 1 ▶水壺架

水占了人體 70% 的重量，運動中缺水後果非常嚴重，尤其在長距離鐵人賽事中一定要準備足夠的飲用水。傳統車架上只能配置兩個水壺，有些計時車甚至只能安裝一個水壺架，不足以應付長時間流失的水分，所以廠商設計了可以安裝在休息把的儲水裝置，或是座墊後方的水壺架延伸座。

Vision 和 Profile Design 都有這些產品，休息把的儲水裝置價格依照容量略有差異，大約在 1,000 ~ 2,000 之間；座墊後的水壺延伸座除了 Vision、Profile Design，還有製作水壺架

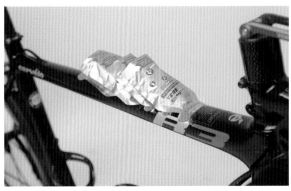

可將補給品黏貼在自行車上管。

利用固定在上管的車架收納,拿取方便。(圖片提供／Scott)

的 TACX、ELITE 都有類似產品,整組延伸座搭配水壺架大約在 1,000 元以內。可以帶著自己的愛車,請專業店家建議適合的搭配並協助安裝。

必備補給好物 2 ▶ 將補充包服貼收納的黏貼法或上管袋

鐵人比賽過程中常必須靠能量補充包,像 Power Bar 或 Gel 補充能量,這些補給品要放哪裡?怎麼收納才好取用又可以備齊足夠的數量?有些選手會將 Power Bar 或 Gel 黏貼在自行車的上管上,也有利用上管袋來收納。不管哪種方式,都可以看見大家都深怕多餘的露出,在騎乘過程中產生阻力。以上兩圖可以看出現在對黏貼方式和上管袋的造型,都講究流線型。

針對空氣力學設計的上管袋品牌包含 X-Lab、Torhans Bento 和 Profile Design,價位在 1,000 元左右,可以依照比賽距離挑選適合的大小,因為使用魔鬼氈安裝方便,平常練習時若用不到,也可以拆下來,比賽再裝上車!

緊急維修工具放哪裡?

講求「獨立」的鐵人運動,必須自己解決賽程中的一切 trouble,包含騎車最不想遇到的爆胎、斷鏈,但天有不測風雲,該準備的還是要準備,別讓準備已久的賽事功虧一簣。

以下建議一些必備零件供大家參考,參加比賽時,別忘了把它們放進座墊後的隨車小包中。

 達人這樣做!
必備緊急維修工具包

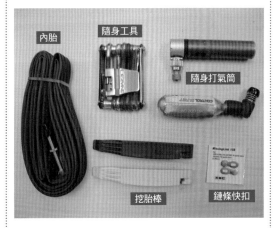

內胎　　隨身工具
隨身打氣筒
挖胎棒　　鏈條快扣

◎備胎、補胎片:在爆胎時可替代的器材。
◎隨身工具:以應付突發狀況。
◎隨身打氣筒、氣瓶:雖然無法像一般打氣筒一樣,但至少能完成自行車項目。
◎鍊條快扣:鏈條斷裂時,可以應急的連接工具。

從臀部至腰部的金鐘罩！

選好坐墊，長時間騎乘無後顧之憂

鐵人三項每每超過 50、60 公里的騎程距離訓練，即便選了適合的車款、超合身的車褲，但屁股難免還是被磨得有點受不了。自行車坐墊，可說是鐵人最親密的好朋友。一場少則兩個多小時，多則十幾小時的賽事，通常有超過一半的時間是坐在自行車坐墊上，如果坐墊不適合將如坐針氈，留下的必定是一場難忘的痛苦回憶。

破除常見謠言，認識自行車坐墊

剛接觸單車的朋友常會問：「屁股好痛怎麼辦？我是不是要換軟一點的坐墊？」「是不是要選擇專業車手那種前開洞的坐墊比較舒適呢？」

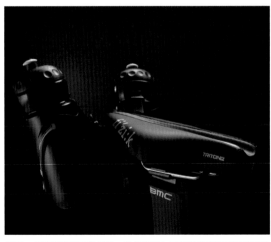

挑選一個好坐的自行車坐墊，是參與鐵人三項賽事或自行車長距離競速比賽的保護。（圖片提供／三司達）

其實，騎車屁股會痛，跟騎乘姿勢、車褲品質多少有點關係，但改善坐墊品質的確是比較快速且明顯的方法。關於坐墊該如何選擇，坊間有許多似是而非的討論，這裡我們先針對大家常有的疑惑來釋疑，才知道如何為自己挑選好坐墊。

謠言追追追 1 ▶ 坐墊愈軟愈好？

A：NO。無論是剛入門的鐵人三項騎士或剛接觸自行車的人，往往以為坐墊愈軟愈舒服，但其實這是個不正確的觀念。太軟的坐墊就像家裡的沙發，陷下去之後是不是不容易起身？想像你在騎車時，每個踩踏的力量都被柔軟的坐墊吸收，不只騎乘速度會受到影響，支撐不佳的軟坐墊也會造成身體不當的扭動，反而更容易造成全身不舒服。當騎乘時間拉長，軟坐墊並不會提供較好的舒適度，就像久坐辦公室，即便再好的椅子仍會造成痠痛，道理是一樣的。因此，坐墊的軟硬度並不是主要選購因素。

謠言追追追 2 ▶ 坐墊愈貴愈好？

A：NO。市場上的坐墊價格琳瑯滿目，從幾百元至上千元都有。有信譽的坐墊品牌幾乎都有一套量測系統，針對使用者的坐骨寬度，有其對應的坐墊寬度，幫助騎士找到適合的坐墊。有這樣的服務水準，其坐墊價格自然不斐。但對入門者來說，還不想付費購買這樣服務也是可以的，

有些廠商會藉助儀器測量騎士的坐骨寬度，來推薦適合的坐墊。
（圖片提供／Specialized）

只是要多花點時間，觀察自己的骨盆、體重和騎乘姿勢，去測試感受，找到最適合的尺寸和款式。由此可知，坐墊不是「貴」就好，「適合」最重要。

謠言追追追 3 ▶ 買車時應該立即升級坐墊？

A：NO。 建議剛開始接觸單車的鐵人朋友，不用馬上花錢購買坐墊，不妨先騎一陣子再說。若有心更換坐墊，各大坐墊品牌幾乎都會在店家提供試乘服務，讓使用者實際試用幾天，找尋適合的坐墊；或者也可以和同好意見交流。

不過每個人的坐骨不同、騎車習慣也不同，親身試驗是挑選合適坐墊的唯一方法。像是 Specialized、三司達 Fizik 或 PRO 等品牌的經銷點，都有坐墊試乘服務，有興趣者可上網查詢並前往試試。

給不同車友族群的挑選建議

尋找適合的坐墊，幾乎是每個車友必經的過程，但知音難尋，適合的坐墊也不好找，而且一旦找到就太不會換了。以筆者為例，剛開始騎車的一年內，更換了不下 5 張坐墊，找到合適的坐墊後，即使換了車架、換了輪組，從來不再更換其他型號的坐墊！

因應女性車友的增加以及鐵人運動的熱化，坐墊技術也趨向分眾化，以符合不同特定對象的需求。市面上出現以下幾種挑選坐墊的方法，提供有心換坐墊的車手們參考。

針對一般車手 ▶ 依身體柔軟度挑選坐墊

目前有廠商依照使用者的騎乘姿勢及身體柔軟度，製作一份簡易的坐墊挑選法則，提供車友用較簡單的方法選擇坐墊。但再次重申，無論用

 自行車坐墊小知識
坐墊座弓材質不同，即便同款價格也不同

或許有人在採購坐墊時會感到奇怪——為什麼同一個外型的坐墊，價格卻不同？這是因為坐墊「座弓」的材質造成。

座弓是固定坐墊的部位，材質的不同會影響重量、吸震性以及結帳的金額！座弓主要用鉻鉬鋼、鈦合金以及碳纖維製作，以下介紹不同材質的特色及價格。

雖然坐墊外表看起來一樣，若座弓材質不一樣，價位也會不一樣。（圖片提供／Specialized）

	鉻鉬鋼	鈦合金	碳纖維
重量	最重	兩者之間	最輕
吸震性	普通	兩者之間	極佳
價格	約 2,500 元	3,000～5,000 元	5,000 元以上

女性坐墊比男性坐墊柔軟，減少車身震動時的不適感。（圖片提供／三司達）

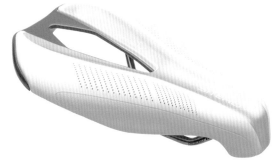

雙鼻墊是為了減少計時車騎乘時，坐姿前移所產生的不適而設計。（圖片提供／Specialized）

哪種方式挑選坐墊，價位並非唯一原則，唯有親身試驗才是不二法則。

針對女性車手▶強調寬且柔軟的專用坐墊

由於男女骨盆構造不同，在女性騎士比例逐年增高的趨勢下，廠商也開始研發、生產女性專用的坐墊，讓女性車友有更好的選擇。女性的人體構造上，骨盆寬度比男性寬，因此坐墊的寬度設計也有不同，另外，女性坐墊也比男性坐墊柔軟，減少車身震動時的不適感。像是 Fizik、Specialized、San Marco 等品牌，都有女性

專用款式的坐墊。

針對鐵人賽事▶雙鼻坐墊避免外陰部壓迫

看過鐵人比賽的朋友會發現，有些計時車上裝著與傳統坐墊造型不同的雙鼻坐墊。這類型的坐墊設計是為了減少計時車騎乘時，坐姿前移所產生的不適。由於鐵人自行車項目大多在平路進行，騎乘時為了提升輸出力量，常常坐姿重心往前移動到坐墊的前端，因此傳統坐墊的設計可能會造成陰部的壓迫，雙鼻坐墊的功能就在減少這類情況的發生。

（圖片提供／Cervélo）

體驗人車一體的絕佳操控力！
挑選適合「舵把」順利滑向終點

先不談公路車或三鐵計時車，只要買過自行車的人都知道，把手也是挑選時的考量重點。騎乘時，車架、把手及坐墊是支撐的鐵三角，某一項不對就會造成騎乘姿勢的壓迫感，尤其是把手高度、大小及形式，好不好用將決定這款車會不會入主你家。初入門者在決定選擇公路車或三鐵計時車時，其實就已決定了把手的形式：前者為彎把、後者為計時把。

也有很多車手在騎乘一陣子，或經歷幾次長程賽事後，多半會思考要換更好用或更輕的把手，這是因為把手對於對自行車的操控性有關鍵的影響。把手因功能的不同外形不一而足，對操控、剎車、變檔等動作都有影響。把手的挑選涉及性別、身形還有手型，選到不相稱的把手，不但會影響騎乘的姿勢，更會浪費無謂的力氣。

也可以握在彎把的下把手。

當車友從公路車進階到三鐵計時車時，最需要適應的也是在外型上差異最大的把手。以下分別介紹公路車及三鐵計時車，常用的把手及功能，提供規劃換把手的車友更深入了解。

依材質及造型挑選公路車彎把

在騎乘過程中，彎把公路車藉由轉換抓握把位，來調整不同的騎乘速度。速度穩定時，利用上把位保持上半身放鬆狀態；加速時，則藉由抓握下把位轉移身體重心，讓車手能夠盡量發揮上半身的力量。還有一種握法，是將手搭在握把水平處，但由於這個部位無法按剎車，大多只在下坡或能確認前方安全的狀況下才會使用。

接下來在介紹鐵人三項常見的進階型把手前，

公路車彎把的上下把設計，讓車手可視情況調整騎乘姿勢及狀態。

先來了解彎把的挑選原則。

挑選原則 1 ▶ 材質不同，價位差異大

把手的價位非常差距很大，主要差異在材質。目前市面上常見的自行車把手，材質多分為二類：鋁合金把手及碳纖維把手。

碳纖維的把手較輕價格也較高，從台幣 3,000 元～10,000 元不等，有些品牌還會利用碳纖維製作不同管型把手，讓抓握時手感更舒適。一般初階的把手使用鋁合金製作，價格也比較便宜，大概是台幣 500～5,000 元左右。但並不是所有選手都使用高價的碳纖維把手，也有選手鍾情於鋁合金強壯的特性和重量感。

挑選原則 2 ▶ 依造型區分

就如個人會因體型和習慣，而選擇合身版型或寬鬆版型，不同性別、身形還有手型的選手，對把手的需求也不同，除了依照肩寬選擇不同寬

自行車小知識
彎把的數字秘密

在瞭解彎把的類型之前，先來瞭解彎把上數字的奧祕。常會在彎把上看到 WIDTH、DROP 和 REACH 三個數據，分別代表了彎把的寬度、落差及前伸量。測量方法如下：寬度（WIDTH），是從握把兩側的尾端測量，常見的尺寸從 38～44cm。選擇公路車把手時，將把手頂住肩膀，把手的兩端應位於上臂的中央。一般男性多使用把手外緣 40～44 cm，一般人則建議選擇與肩同寬的尺寸。落差（DROP），是從上把水平處測量至下把尾端，大約在 120～150mm 之間。前伸量（REACH），從把手的上把測量至最前端，大約在 70～90mm 之間。若超過這三者距離之外，表示把手的尺寸不適合東方人體態。但以上都只是參考值，建議最好至店面實際騎乘再挑選把手較準確。

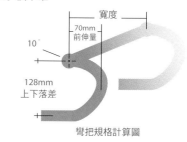

彎把規格計算圖

公路車常見進階式彎把		
傳統把（Traditional）	**小彎把（Compact）**	**人體工學把（Anatomical）**
圖片 		
特色說明 這是最傳統的把手，又叫做「古典把」。公路車是從歐美開始，且多為男性車手，彎把依照這些車手的身高來設計，對東方人來說稍大一點。但由於傳統彎把能適應各種體格的騎士，因此始終有它不敗的魅力，至今仍然為許多職業單車選手喜愛。	顧名思義就是彎折相對較小，不管是前伸量或是落差，都比其他把型來得小。女性、身高較迷你或是剛入門的騎士，比較容易掌控，騎乘時抓握下把位比較不吃力。另外，對於手掌較小的車友來說，小彎把也比較容易握到煞車把，較有安全感！	其實人體工學把有許多種設計，主要分辨方式是，人體工學把在下把位有一個明顯的彎折，它的前伸量是三種把型中最大的，主要的目的是讓騎士在抓握下把時有更扎實的感覺。
適用對象 身體體態較高大的騎士。	適合女性、身高比較迷你、手掌較小，或是剛入門的騎士。	喜好衝刺的車友心中首選。

（圖片提供／三司達）

車手肘靠墊的高低落差、左右寬度,以及空氣力學把的長度,都需要依照騎乘者的身形調整。

度,手掌小或是身高高人一等的人,也應配合選用適合的彎把。市面上公路車常用的彎把設計不外乎以下三種:傳統把、小彎把、人體工學把。

沉穩迅速的計時把

計時把是由空氣力學把(Clip-on bars)以及牛角把(Base Bar)結合,這種設計讓高速巡航時趴在 Clip-on bars 上追求更低的風阻,不過操控方式和彎把差異比較大。一般來說變速撥把安裝在 Clip-on bars 上,剎車則裝設在 Base Bar,過彎控車時則抓握 Base Bar,剛開始會有些不習慣,需要一些時間的練習。

許多朋友第一次看到計時把不免疑惑:「趴在休息把上面,手不能煞車,很危險吧?」其實,計時車的設計目的,是讓選手在長距離騎乘時,能快速又穩定地完成比賽,不太需要面對突如其來的加速或是急停。因此在距離較短的 51.5KM 奧運標準距離鐵人賽,比較不會看到計時車,以公路車為多;反而是半鐵或超鐵賽裡,計時車才會出現。

一般對於計時車相對陌生的入門鐵人們,在

選擇計時把應注意那些要點呢?

挑選計時把要點 1 ▶牛角把與肩同寬

首先,是牛角把 Base Bar 的寬度,要符合自己的肩寬。

挑選計時把要點 2 ▶空氣力學把要符合體格

其次,要注意空氣力學把 Clip-on bars 是不是符合自己的需求。除了最基本的手肘靠墊間距以及 Clip-on bars 長度調整之外,還可以依照墊片設定把手落差,找出最適合的體格設定,才能在最佳狀態下完成自行車項目。

挑選計時把要點 3 ▶可調細節愈多價格愈高

因為計時把製作複雜,價格通常比同等級的公路車彎把來得高。計時把的價格從 3,000 ～ 20,000 元不等。除了重量差異,可調程度也影響價格。基本款的計時把手無法做任何調整,隨著價位的升高,可以調整的部位也愈多,包含空氣力學把的長度、靠墊的寬度與高度等等,能夠調整的部分愈細微,愈能符合使用者的身形,價格也愈高。

好車配好輪，追求極致速度感！
針對賽事挑對輪組，練習、競賽各司其職

輪組雖然是自行車配備之一，但在對面鐵人三項的長程賽事，不同的輪組，騎乘的感受大不相同，重點是對比賽速度影響很大。大部分鐵人參賽者，剛開始都是使用廠商配置的輪組，參加過幾場賽事之後，為了有更好的表現，就會想要購置競賽輪組；有些鐵友甚至擁有好幾組不同的輪組，以應付不同距離的賽事。市面上有哪些鐵人專業用輪組？各具什麼特色呢？

市面上常見的專業輪組類型

類型 1 ▶ 高框板輪，適合 51.5 公里鐵人賽事

輪子產生風阻主要是來自於輪圈鋼絲，鋼絲愈多風阻也愈大，但鋼絲太少強度又會不足。板輪的設計藉由較高的輪框達到適當強度，同時也可減少風阻的產生。

奧運標準距離的 51.5 公里鐵人賽事距離，彎道較多，加減速的機會多，高框板輪是不錯的選擇，既可以減少風阻，又可以維持靈活的操控。高框板輪重量較輕，以常見的 50mm 高度的全碳纖維輪組來說，重量大約在 1,300 ~ 1,500 克之間，受側風影響的程度也比刀輪及碟輪來得低。甚至有部分板輪面對側風的效果，已經可以有效降低到幾乎接近正面迎風的效果！

像是著名的輪組品牌 Zipp，獨家專利的框體凹洞設計，是以高爾夫球的球面作為藍圖，設計成較寬的低風阻框體，就能效降低側風影響。

由於板輪的品牌和生產的廠商很多，所以價

市面對輪組分為（由左至右）原廠練習輪組、刀輪、高框板輪、碟輪等。（圖片提供／昇陽）

著名的輪組品牌 Zipp，採用獨家專利的框體凹洞設計，是以高爾夫球的球面作為藍圖。（圖片提供／頂成）

格區間非常廣，一組從台幣兩萬元到十萬元以上都有。通常重量愈輕的價格比較高，建議選擇信譽良好的品牌以保障後續權益。

類型 2 ▶碟輪，在長程賽事中搭配高框板輪或刀輪

「如果鋼絲會造成風阻，怎麼不用無鋼絲的輪組？」碟輪（Disc Wheel）就是在這樣的概念下誕生的。碟輪是所有輪組中，空氣力學效益最佳的款式，全封閉表面，光是視覺上就殺氣騰騰，騎乘時擾動空氣的「唰！唰！」風切聲，更顯霸氣！

但優點同時也是缺點，碟輪擁有最好的的空氣力學效益，但是重量也比一般輪組重，爬坡時略顯吃力。想像一下電風扇對著一張紙吹，紙張會不斷擺盪，碟輪全封閉的設計就像那張紙，遇到側風時會很難操控，甚至頗危險。因此奧運標準距離的 51.5 公里鐵人賽事，因為安全考量禁用碟輪。即便是長距賽事，如 226 公里或 113公里，為了兼顧空氣力學與操控性，許多鐵人選手會在主要操制車頭轉向的前輪，搭配高框板輪或是刀輪，後輪才裝碟輪，減少側風時影響控車的安全性。

在位價上，碟輪空氣力學效果最好，因此價位高出板輪許多，通常碟輪只單獨販售一顆後輪，一顆價位在台幣三萬元至十萬元左右。

類型 3 ▶刀輪，兼具碟輪與板輪的優點，適用平路賽事

刀輪（Spoke Wheel）結合板輪和碟輪的優點，既能有效降低風阻，又利用特殊的結構兼顧強度。刀輪輪面並非完全封閉，正面風阻略高

許多鐵人選手會在主要操制車頭轉向的前輪，搭配高框板輪或是刀輪，後輪才裝碟輪，減少側風時影響控車的安全性。（圖片提供／頂成）

於碟輪；但沒有鋼絲擾亂氣流，因此風阻低於板輪。整體的空氣力學效果，可說介於碟輪和高框板輪之間。連結輪框的結構像一把大刀，因此有「刀輪」之稱。

刀輪價格接近碟輪，一顆價位在台幣五萬元至十萬元左右。不過功能接近板輪，用途也比較侷限於平路，感覺上價格效益不高，所以刀輪在國內能見度相對較低。不過在長距離的 IRONMAN 國際賽事當中（如 226 公里或 113 公里），卻是時常出現的武器。

各種輪組性能比較

	原廠練習輪	板輪	刀輪	碟輪
空氣力學	★☆☆☆☆	★★★☆☆	★★★★☆	★★★★★
側風影響（操控性）	★★★★★	★★★★☆	★★☆☆☆	★☆☆☆☆
輕量化	★☆☆☆☆	★★★★★	★★☆☆☆	★★☆☆☆
價格（新台幣）	3,000 ～ 5,000 元（一對）	30,000 ～ 100,000 元（一對）	50,000 ～ 100,000（單輪）	
推薦鐵人賽事	無（練習用）	51.5公里賽事	113 公里、226 公里賽事	

（※ 黑色星號愈多，表示性能愈強。）

3 種情況，考慮添購輪組

介紹完市面上常用的輪組後，或許你會問：動輒超過一台入門公路車價格的專業輪組，究竟和練習用輪組有什麼不同？是什麼原因讓專業與休閒鐵人們，列入競賽必升級裝備呢？

用過的人所提供的答案也很簡單，不外是追求：「輕量」與「低風阻」。好的輪組價位不低，當鐵人開始想要添購輪組，先了以下資訊才不至於白花冤枉錢。以下列舉 3 種情況，為你分析、檢視你現階段是否需要添購輪組。

情況 1 ▶追求輕量化，以達最大驅動速度

所有購買競賽輪組的人都很在意重量，因為自行車的前進，是藉由腳踩的力量傳達至鏈條，再驅動輪子轉動，所以輪組愈輕，驅動時費力愈少，因此重量成為選購競賽輪組時的重要依據。且為了減輕重量，競賽輪組大多採用碳纖維製成。為了降低風阻造成的速度耗損，輪組跟車架一樣，都可利用科學計算、風洞測試等方法，檢視強度、空氣力學等，以期在強度和重量上達到平衡。

情況 2 ▶想要降低風阻，加快車行速度

鋼絲支撐一般輪組的強度，但行進間會成為風阻的主要來源，因此競賽用的輪組會減少鋼絲數量，同時增加輪框寬度以增加強度。以板輪為例，輪框高於普通輪組，鋼絲也明顯比普通輪組來得少，這是低風阻設計輪組的基本。以台灣的氣候來說，為減少受制於季風的強勁風速，多添一組輪組，的確能為賽程加分不少。

情況 3 ▶想要參加半超鐵及超鐵的人

許多鐵人會在訓練時使用練習用的輪組，競賽時才換上競賽用輪組。雖然愈高價位的輪組風阻愈小，但是不見得最好。因為風阻愈小的輪組操控性也比較差，並不適用在短距離，以及經常上下坡或是過彎的路線。風阻比較小的刀輪和碟輪，甚至被禁用於奧運標準的 51.5 公里鐵人賽事中。因此除非有目標要超越奧運標準的 51.5 公里鐵人賽事，並往半超鐵 113 公里或超鐵 226 公里的賽事邁進，否則不建議急著再添一組輪組。

挑選升級輪組，首要檢視預算及品牌

專業的輪組一組動輒數萬元以上，甚至有單輪十萬元的價位。不管多少價位的專業輪組，都有輕量化和低風阻的設計，只是效果高低不同。各品牌的輪組各有特色，如果預算有限，只要能夠應付訓練和賽事，並不一定要買到最高等級。

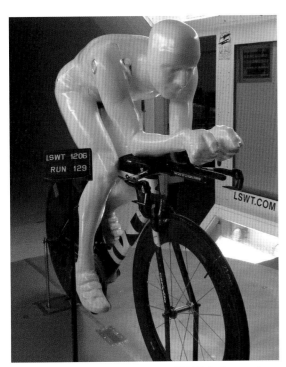
利用風洞測試，不斷修正輪組的設計。（圖片提供／Cervélo）

自行車小知識
不同鐵人賽事,自行車器材規定也不同

在奧運標準級的 51.5KM 賽事當中,是不會出現計時車、計時把、碟輪和刀輪等器材,因為 ITU 51.5 賽事允許集團式的騎乘及輪車,選手彼此之間非常貼近。為了減少事故發生率,操控性比較低的計時車和碟輪、刀輪因而被禁止,以減少因為側風影響或是計時把勾到旁邊選手的狀況發生。

但賽程中,有時可以看到一般公路車裝上空氣力學把。前提是,空氣力學把長度把不得超出煞變把前端,同時前端握把必須相連。畢竟在高速下摔車,沒有人能保證鈍鈍的休息把頭不會造成遺憾。種種規則都是為了保護場上選手的安全。

左右兩邊是煞變把,中間是空氣力學把。

另外,專業輪組價格不斐,選擇信譽良好的品牌後續維修保養有保障,避免發生問題求助無門的窘境。

而超過 51.5 公里的 IRONMAN 等超級鐵人賽事,由於要求選手必須「獨立」完成比賽,包括團隊彼此安排負責破風的「輪車」和「跟車」行為都是被禁止的,因此可以使用各種器材。至於能騎多快?真的是兄弟上山各自努力了!

超過 51.5 公里以上的超級鐵人賽事,對自行車器材規則相對也較寬鬆。(圖片提供／ Santini)

體能、騎技、經驗，三效合一！

功率計＋訓練台，訓練質量同時提升

在鐵人賽事中，自行車項目距離愈長扮演的角色愈吃重。226 公里超級鐵人賽事中，誰能愈輕鬆完成 180 公里的騎乘，誰就能在最後的馬拉松項目維持最佳狀態。因此，自行車訓練需要非常扎實，才能騎得更遠、更快。而所謂「扎實的自行車訓練」，分為二部分來進行：一是利用不同強度訓練提升體能，另一個是透過持之以恆的訓練，來加強騎乘技術和累積經驗。

由於戶外騎乘受限於氣候、場地、時間，加上自行車是一種機械操作，光是以距離或心跳等數據無法作為有效的參考，因此多數自行車選手或鐵人會選購合適的功率計和室內練習台，讓自行車訓練不受外在環境限制。以下詳細介紹一般市面上常見的功率計及室內練習台。

功率計——即時反應踩踏力量

低強度、長時間的訓練，能提升耐力；高強度的訓練，則能增進速度。但訓練強度的判斷，本身就是一門專業的學問，因此很多人訓練時會延請專業教練陪同。剛入門的車友習慣用「距離」作為訓練依據，然而上、下坡的難度不同，距離很難準確呈現真正的訓練強度，因此進階的車友會利用心跳作為參考，心跳愈高、強度愈高，代表訓練的質愈重。不過站在專業的立場來看，「功率」比心跳更能反應即時的訓練強度。

什麼是功率？

功率，簡單來說就是腳踩的「力」，利用數據化的方式將「力」轉換成具體的數字，在騎乘自行車的訓練上，這樣的數字比心跳更能即時反映當下訓練強度。舉例來說，當騎士用八分力騎乘時，心跳

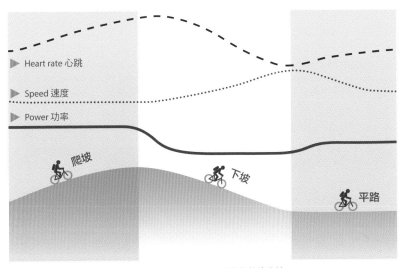

騎乘自行車時爬坡、下坡和平路所顯示心跳、速度和功率的數據曲線。

▶ Heart rate 心跳
▶ Speed 速度
▶ Power 功率

爬坡　下坡　平路

與大齒盤整合的功率計穩定性高，不過拆裝較麻煩，單價也比較不親民。

會漸漸提升至接近的數字，這過程可能會有時間差，因為心臟不會馬上激增跳動頻率；功率則可顯示當下「力」的數據，能更快、更準確瞭解自己的訓練強度。

為什麼要安裝功率計？

安裝在自行車上偵測踩踏力量的儀器叫做「功率計」。根據經驗，不少初學者面對高單價的功率計時，往往認為：「功率計是高手用的器材，對新手根本沒幫助！」但從專業的角度來看，在預算許可的情況下，功率計是非常值得投資的器材之一。

裝上功率計並不會讓騎車變快，但藉由功率計的數據，可以測得更準確的強度，確保日後的訓練不會超量。瞭解自我訓練是否超量，對一般愛好者來說也很重要，因為我們都不是職業選手，練習、比賽過後，還是要面對事業、課業和家庭，過度的訓練可能造成生理和心理的負面影響、打亂生活節奏。因此，比起騎得更快，安全運動的才是功率計真正的效果。

功率計的種類

目前市場上的功率計，大多裝是裝在自行車

的踏板或輪組上，依據不同安裝位置，主要有三種類型：「大盤式」、「踏板式」和「輪組式」，都是利用高科技的感應及換算，將騎乘時的「力」轉換成碼表上的數字。以下就針對這三大類功率計做深入的介紹。

推薦類型 1 ▶ 大盤功率計

大盤式功率計穩定性相當高，比較不會受到溫度、濕度和海拔高度等環境因素干擾。因為整合在大齒盤當中，碰撞和受水氣影響的機會少，故障率相對較低。有些品牌會搭配專用的碼表，除了顯示當下的功率，還可以看到左右腳踩踏是否平均，像是 Pioneer 功率計就附有碼表。

另外，大盤式功率計雖然較穩定，但還是有小缺點：因為功率計整合在大盤中，如果有兩台車，換車訓練時，拆裝過程比起踏板式、輪組式的功率計要麻煩得多。另外，這類型的功率計單價較高，大約在 40,000 ～ 100,000 元之間。

推薦類型 2 ▶ 踏板式功率計

踏板式的功率計重量輕、安裝方便，兩腳各有一個感應器，可以看到左右腳單獨的功率數據。因為拆裝方便，讓家中有多台自行車的騎

大盤式功率計穩定性相當高。（圖片提供／Rotor）

左，Pioneer 搭配專用碼表，可以看到騎乘時左右腳的功率，還能判斷踩踏是否平均、順暢。（圖片提供／Pioneer）

右，將感應器整合到後輪花鼓中的輪組式功率計。（圖片提供／GIANT）

下，輕巧、易拆裝是踏板式功率計的特色。（圖片提供／Garmin）

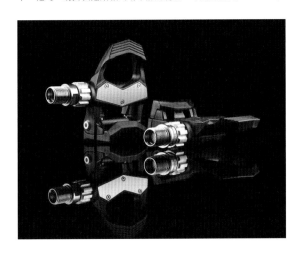

花鼓當中，和踏板式功率計一樣，非常容易在不同自行車之間更換。不過並不是每一組輪組都有功率系統，光換裝一組有功率感應功能的花鼓，就要再花 20,000 元，所費不貲，而且市面上能夠感應功率的輪組，價位也很驚人。所以在選用輪組式功率計時，要先確定想要的規格，否則可能未來在訓練或比賽時沒有功率數據，使用上比較受限。目前只有 Power Tap 一家廠商生產輪組式的功率計，價格也依照重量等級而有所不同，大約在台幣 25,000 元左右。

練習台──在室內提高強度與技巧

為鐵人比賽進行的訓練，必須日復一日的規律訓練，萬一遇到下雨天或加班太晚怎麼辦？這時候，室內練習台就派上用場了。自行車練習台就好像自行車的跑步機，可以協助鐵人們在室內進行訓練，而且不少自行車的技術訓練也必須倚賴練習台才能達到目的，像是騎乘的高強度訓練，以及基本踩踏技巧訓練。

功能 1 ▶ 強化騎乘的高強度訓練

不少鐵人會利用練習台來操作高強度訓練，因為戶外騎乘會因停等交通號誌以及路面滑行，使得訓練效果及時間大打折扣，而達不到設定的強度目標。反觀在室內練習台上騎乘，20 分鐘就能讓人汗如雨下，也減少在車水馬龍的大馬路上騎乘的危險。

功能 2 ▶ 專心於熟練基本踩踏技巧

另外，自行車的技術必須透過基本踩踏技巧的訓練，讓肌肉慢慢累積記憶，例如：單腳踩踏、拉提技巧、離臀、離手、站立等等。這些訓練都不方便在戶外進行，透過練習台固定自行車固，

士，可以隨時隨拆隨裝，換車訓練一樣能記錄訓練數據。其中以 Garmin 品牌的功率計較為市場所熟知，也是許多鐵人的選擇之一。

不過，這一款功率計雖然安裝方便，但因為是安裝在踏板上，一旦摔車或倒車時，受到撞擊而產生故障的風險十分高，必須較為小心地保護。平均價格大約在 45,000 元左右。

推薦類型 3 ▶ 輪組式功率計

輪組式的功率計，是將感應器整合在後輪的

左，結構簡單又耐用的滾筒式練習台。
右，固定式練習台可對後輪施加阻力，模擬平路或爬坡時的感受。

讓鐵人們不用理會環境因素，專心在技術的訓練。所以，想提升個人踩踏技術，訓練台絕對是一個好夥伴！

室內練習台常見的種類

根據不同訓練目的，練習台也有許多不同的種類，主要可以分成「滾筒式練習台」以及「固定式練習台」，目前以 Elite 和 TACX 兩個龍頭品牌為主。

類型 1 ▶ 滾筒式練習台

在戶外練習的自行車訓練，車子是行進中並沒有固定，以致於剛入門學習的人，需要花費較多時間克服身體與車子間的穩定平衡，往往基礎訓練成效不彰。若採用滾筒式練習台，藉由騎士和自行車的重量，搭配變速齒比的改變，以及滾筒和皮帶的傳輸，讓騎士在滾筒練習台上不斷踩踏，便可調整騎乘姿勢、騎乘順暢度，並練習基本技巧、訓練心肺能力以及控車能力。滾筒式訓練台價格在 6,000～10,000 元之間，因為結構簡單，非常耐用不易故障！

類型 2 ▶ 固定式練習台

固定式練習台是將車體固定後，對後輪施予阻力，模擬騎乘時的平路或爬坡時的感受。因為阻力較大，非常適合做高強度訓練以及基本踩踏技巧的訓練，部分款式還可以依照需求調整阻力。目前固定式練習台價格差異較大，基本款大約台幣 6,000 元左右。進階款式則會搭配不同功能，例如：電腦連線、路線模擬等等，有些甚至會內建功率感應系統，價格因此高上許多。

 自行車小知識
健身房飛輪和室內練習台有何差異？

「同樣都可以在室內進行訓練，飛輪和練習台有什麼差別？」這是玩家常有的疑問。健身房飛輪的設計是採用「死齒」，會讓輪子帶動踏板，因此飛輪車無法在高速下突然停住雙腳，不像一般自行車可以在騎乘中「停腳滑行」。因此，健身房飛輪車的「強迫帶動」，適合用來訓練心肺和腿部肌力。

反觀練習台，因為是架上一般自行車，透過阻力的設定鍛鍊心肺與肌力，透過卡踏的拉提技術，對腿後肌群會有很好的鍛鍊效果，另外也能利用較輕的齒輪比，練習踩踏的迴轉速。若踩踏技巧不好，上了訓練台，車身和踏板都會晃動和彈跳，踩踏技巧的好壞一覽無遺。

畢竟，比賽騎乘的是自己的單車，能用自己的單車練習是最好的。即使可以調整飛輪車的座墊高度和把手位置，盡量接近自己的自行車狀態，但是無論怎麼調，都不是比賽騎的那台「屬於自己的自行車」，也因此專業騎士偏好使用練習台進行訓練。

飛輪　　　　　　　　練習台

（圖片提供／左圖 World Gym，右圖 BKOOL）

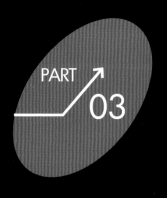

終點拱門前的勇士

完賽即是勝利！
用跑步衝破最後關卡

對於鐵人三項的初學者而言，若能笑著進終點，是最棒的回憶。但同時，最後這一段跑步，也是身體負荷最大的艱辛路程。

經過游泳及自行車兩關的磨練，此時若要想依照練習時的配速來達成，你的雙腿很快就會用抽筋來抗議。所以參加過鐵人三項的都知道：實際的三項成績裡，跑步與平時訓練的時間差落差最大。這並非表示平時的訓練無效，相反地，正是因為平時的訓練，才有辦法靠著技巧及意志力「撐」過最後關卡。

跑步，每一步落地都是對身體的衝擊，若有適合的跑鞋和良好的姿勢訓練，抽筋便不會在最後關鍵時刻來攪局。同時，在跑步賽程時吃東西充滿了難度，因此補充能量的準備更形重要。跑步時，胃部晃動較大，嘴裡的食物比較難以下嚥，透過平時的訓練，了解正確的補給方法或是選對適合的隨身裝備，讓長程跑步的能量補充，不再是一件痛苦的事。

另外，什麼樣的衣物可省去在賽程中脫脫穿穿的麻煩？跑步訓練可借力使力的器材有哪些？它們將如何提升你身體的敏捷性、協調性和力量？它們甚至能在枯燥乏味的跑步訓練中，為你帶來新鮮感。

一起來吧！突破鐵人三項最後的關卡，成為一位真正的鐵人吧！！

（圖片提供／IRONMAN Taiwan）

5分鐘看懂

跑步裝備全覽圖

遮陽帽

一般跑服

風鏡

壓縮跑服

繩梯

（器材提供／ZOOT、Z3R0D、Compressport、Garmin、鍵燁）

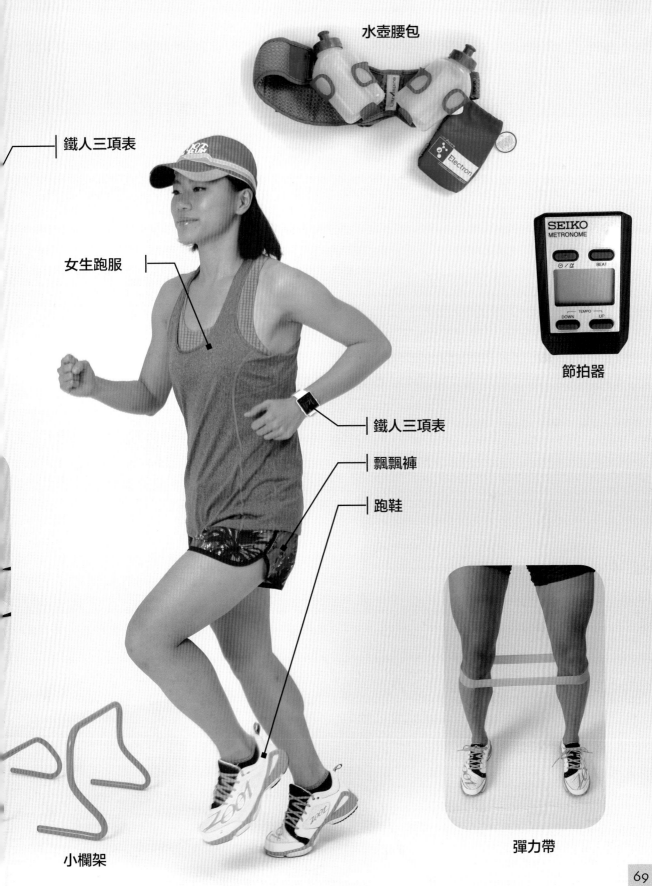

水壺腰包

鐵人三項表

女生跑服

節拍器

鐵人三項表

飄飄褲

跑鞋

彈力帶

小欄架

微笑跑過終點線的秘訣！

挑雙好跑鞋，鐵人比賽不鐵腿

歷經游泳及自由車項目後，身體勢必非常疲勞，在路跑通過終點線時，鐵人們的的表情是笑容滿面或痛苦不已，是否有一雙功能性佳的跑鞋陪伴，具有關鍵的影響力。

有些新手認為可以一雙跑鞋跑遍天下，雖然慢跑、馬拉松或鐵人三項的跑步，聽起來都是路跑活動，但這三項運動實對身體的核心運動及雙腿的運用都不太一樣，無法用一雙跑鞋來滿足所有需求。再加上目前台灣路跑運動盛行，為因應龐大的需求，跑鞋種類從純速度需求的馬拉松跑鞋，到以舒適為主的慢跑鞋，還有為鐵人選手專門設計的跑鞋都有。跑鞋產品琳琅滿目，因此如何挑選一雙適合在鐵人三項練習或比賽穿的鞋子，成了鐵人選手們的必備能力。

不同賽程，各有適用鞋型

走進運動用品店，最多項目的產品就是運動鞋，但並非所有跑鞋都適合拿來從事鐵人三項運動。有一種說法是這樣：馬拉松比賽就穿馬拉松鞋、鐵人三項比賽就穿著鐵人鞋。這聽起來相當合理，但挑選時千萬不要被鞋子的名稱所侷限，一雙符合賽事的好跑鞋，還要視其跑步強度及距離來判別。例如，在準備參加奧運標準的 51.5 公里鐵人三項賽事之前，這三款跑鞋都會用到，並非只有鐵人鞋；且依據訓練的程度及參加賽事的長短，跑鞋也有不同的選擇。

路跑鞋，適合路跑及鐵人初入門

路跑鞋鞋底厚實，雖然力量傳導不像馬拉松鞋一樣直接，會因質地柔軟而分散力量，而跑得較為費力。但路跑鞋的優點在於吸震效果非常好，能提供肌肉與關節相當的緩衝，讓使用者減輕腿部負擔。因此建議剛開始接觸鐵人三項、長距離訓練但強度弱、為了因應長時間路跑訓練的選手們使用。市面上較知名的品牌有 NIKE、ADISDA、Asics、Mizuno、Brooks，價格也較平民約 1,500 ～ 3,000 元不等。

馬拉松鞋，適合路跑選手

馬拉松鞋與一般跑鞋或鐵人鞋最大差別，在於鞋底的厚度。馬拉松鞋的鞋底非常輕薄，能將向地面的作用力全部傳導到地面，使自己更快速地前進。也因為鞋底輕薄，鞋子無法提供避震效果，肌肉與關節必須承受較大的負擔。同時，馬拉松鞋對地面的耐磨係數也不好，若需要一次跑步超過 42 公里以上，不建議穿馬拉松鞋，改換跑鞋為佳。

另外，馬拉松跑鞋的鞋底以 DSP 顆粒材質為主，小顆粒獨立的分布於鞋底以增加抓地力，如同田徑賽場上的釘鞋一般。缺點是容易磨損而消耗，再加上馬拉松跑鞋單價較高，甚至有：「馬

上，由左至右分別為路跑鞋、鐵人鞋、馬拉松鞋，無論外表、鞋底與功能皆大相逕庭。
下，三款鞋底厚度、鞋面設計、鞋底顆粒都不相同。

拉松跑鞋的單一左腳價格，都可以買兩雙路跑鞋」一說。因其價格較高的緣故，馬拉松鞋普遍都用於比賽，只有比賽前幾次的訓練才會穿來作為賽前的適應。

話說回來，馬拉松鞋因為輕薄而非常輕盈，對於腿部的提拉動作幫助很大，的確非常適合用於馬拉松比賽。但如果訓練量不足，還是可能會有腳部不適的情況發生，因此最好仍視自己的體能情況而定。

NIKE、ADISDA、Asics、Mizuno 每年都會推出馬拉松新款鞋，也適合一般消費者，價位大約在 5,000 ～ 8,000 元左右。

在 113 公里鐵人賽事中，跑步占 21 公里；超鐵 226 公里中，跑步占 42 公里。當鐵進入跑步賽程前，已經經歷了 3 ～ 8 小時的自由車騎乘，雙腿狀況比僅跑馬拉松賽程更加疲勞且脆弱，如果還是穿馬拉松鞋跑鐵人，容易造成腿部的運動傷害。至於 51.5 公里，跑步才 10 公里，所以可以穿馬拉松鞋一跑到底，但還是要視個人體能情況而定，並非一體適用。

鐵人鞋，所有鐵人三項賽程都適用

鐵人鞋加強穿脫的方便性和排水設計。許多鐵人鞋的鞋面採用彈性的布質，讓鞋面有張力，容易套入拖除，以因應選手快速轉換；鐵人比賽時不會穿著襪子跑步，因此在鞋子底部設計排水功能，讓腳不會悶熱不適。因此鐵人鞋不但適合用在鐵人比賽，也可穿於一般路跑比賽。建議品牌有 ZOOT、Newton、Saucony 等等，價位約在 3,000 ～ 5,000 元。

相較於馬拉松鞋的 DSP 鞋底顆粒材質，鐵人鞋和路跑鞋的鞋底主要材質是橡膠，並加強耐磨功能，其好用耐操性非常受鐵人選手的青睞。不過，若是平時訓練，建議穿一般跑鞋較合適。

達人這樣做！
穿不穿襪子學問大

「鐵人路跑賽段是否要穿襪子？」一直是入門選手的疑問。穿襪子會多花時間，不穿襪子又怕起水泡，該怎麼辦？

 51.5 公里距離以下建議不用穿襪子。

因為 51.5 公里距離以下的鐵人賽，路跑距離為 10 公里以下，耗時較短，會以轉換快速為主要考量。但在平常練習中，至少要經過三次不穿襪子跑步的練習，每次至少跑 40 分鐘以上，確定鞋子和腳不會摩擦出水泡才行。

 113 公里距離以上建議穿襪子。

因為長距離的 113 公里、226 公里中，跑步至少會超過 90 分鐘以上，所以裝備選擇以舒適為主，讓跑步賽段能更順利完成。甚至可以在自由車項目就穿上襪子，自由車賽段結束後再換另一雙乾淨的襪子，讓跑步賽段更加舒適。

為因應於運動的需求，襪子材質以排汗佳為首要考量。棉質容易悶汗故不選用棉質。目前有許多廠牌推出運動的壓力襪，不僅強調排汗排水功能，並注入加壓功能，讓運動中的肌肉更具穩定性，是許多長距離賽的鐵人選擇。市面上現有的品牌如 Comperssports、Titan、Atlas 等等，價格約在台幣 1,000 ～ 2,000 元之間。

挑選跑鞋 3 原則

接下來就是如何挑選適合自己的跑鞋。在這之前，要先了解自己的腳是什麼足型，才能進入怎麼挑選的問題。

原則 1 ▶依足型選擇

每個人的足型不同，跑鞋的設計也因此有所差異。一般常見的足型主要為：扁平足弓、正常足弓、高足弓、寬楦頭及窄楦頭。

如想準確地辨別自己足型，可至具有精密測量足型儀器的跑鞋販賣門市接受測量。因為經過測量後的數據來挑選鞋子，比較能讓鐵人們在比賽中經過長時間騎乘自行車而腫脹的腳，有個舒適的空間來發揮路跑項目。如果在尺寸和足型的挑選上有了錯誤的判斷，會讓最後的路跑賽程寸步難移。

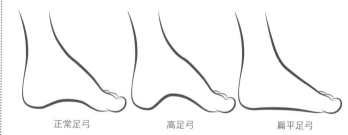

正常足弓　　　　　高足弓　　　　　扁平足弓

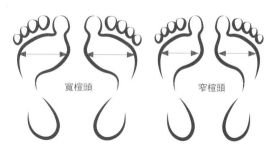

寬楦頭　　　　　窄楦頭

上圖由左至右分別是正常足弓、高足弓、扁平足弓，下圖是寬楦頭及窄楦頭等足型。

原則 2 ▶一定要親穿測試

雖然網路購物發達，但選購鞋子時，建議親自至店家試穿最保險。因為涉及個人腳長及足型的不同，挑選時也會產生不同的問題，可以先從書上或是各種媒體資訊了解跑鞋的特性後，實際穿上並簡單的跑走適應後，再決定是否購買。這個步驟能確保買到合適的鞋子，減少練習和比賽中跑鞋不合腳的問題。

原則 3 ▶比賽與練習穿不同鞋款

因為比賽及練習強度跟距離都不一樣，對雙腿的負擔也不同，因此建議能穿不同種的鞋子。

不過，練習時的模擬也是必要的，在練完車後換穿跑步的鞋子，以了解這雙鞋是否適合於比賽中使用。能力較好、經驗較佳的選手，可挑選有助於提升成績的馬拉松鞋；初次挑戰長距離或鐵人新手，則建議挑選有較多支撐力的鐵人鞋和路跑鞋，來減緩負擔為佳。

初入門者在各種跑步比賽的建議鞋款

項目	馬拉松鞋	鐵人鞋	路跑鞋
10 公里以下路跑賽	★★★	★	★★
21 公里以下路跑賽	★★★	★	★★
42 公里以下路跑賽	★★	★	★★★
226 公里鐵人賽（跑步 42.2 公里）	★	★★	★★★
113 公里鐵人賽（跑步 21.09 公里）	★	★★★	★★
51.5 公里以下鐵人賽（跑步 10 公里）	★★	★★★	★
訓練中	★	★★	★★★

（★愈多表示鞋款與賽程適合度愈高）

達人這樣做！
跑鞋清洗及保養不能馬虎

雖然跑鞋設計越來越實用和方便，但跑鞋的保養絕不能馬虎。在以下分享跑鞋的清洗和保養的方法。

1. **清洗**：結束一場鐵人賽後，可先換拖鞋或備用鞋，將比賽穿的跑鞋拿到水龍頭下沖洗，甩乾，裝進塑膠袋帶回家。

2. **脫水**：回家裡用脫水機脫水。請將鞋子放在脫水機滾筒內壁兩側，脫水機一運轉，鞋子就能因離心力而貼於滾筒壁上，減少碰撞。脫水時間約 1 分鐘，切過長以免鞋子變形扭曲。

3. **乾燥**：脫水後放在陽光曬不到的通風處放置晾乾。雖然跑鞋的鞋面屬於布質，但跑鞋鞋底與鞋面有黏著劑，因此不要用烘衣機和吹風機烘乾，高溫會讓跑鞋鞋底脫離。所以若萬不得已一定要快速烘乾，建議吹風機要設定為涼風，加速排乾附著在跑鞋上的水分。如果沒有脫水機，可以塞報紙在鞋子內，利用報紙吸水的效果，幫助鞋子恢復乾燥。

達人這樣做！
只有一般運動鞋，
可以善用 3 項法寶

對於第一次參賽，來不及購買鐵人三項專屬跑鞋的初鐵朋友們，只要使用這 3 個法寶——彈性鞋帶、鞋舌、凡士林，在跑鞋上做點改變，也能在轉換區爭取到一點時間。

◎**法寶 1 ▶彈性鞋帶**：一般跑鞋幾乎都是以尼龍為主要材質，好處是不容易斷裂，缺點是穿入時容易卡住腳背上端，使穿鞋時間拉長。將鞋帶改成彈性鞋帶，不但穿鞋方便快速，且彈性鞋帶包覆性佳，讓腳跟鞋子感覺更密合。

◎**法寶 2 ▶鞋舌外翻**：穿鞋時常因為動作急促，鞋舌被踩在腳下穿不進去，因此賽前於轉換區準備時，可先將鞋舌外翻，讓鞋子的口徑變大，不但避免踩到鞋舌卡住，鞋舌外翻也更好施力。

◎**法寶 3 ▶凡士林**：進入路跑賽段時，容易因為流汗造成腳踝及腳掌濕滑，尤其是從自由車卡鞋轉換到跑步鞋時，泥沙會沾黏在腳上，在跑步過程中，會摩擦而出水泡和破皮。建議在賽前準備時，在鞋子內側塗上些許凡士林增加潤滑度，以減少摩擦產生的不適感。

不只耐操好用,更要帥到指數破表!
跑步背心&跑步褲,是基本配備

鐵人三項的跑步服飾主要分訓練和比賽兩種需求:比賽,以一套賽服從游泳穿至終點,節省換裝時間,以壓縮衣褲及鐵人服為主;訓練,強調舒適和輕便,因為鐵人訓練時間漫長且艱辛,穿一套讓自己感到舒服輕鬆的訓練服非常重要,以一般跑服為主,但也有人以壓縮衣褲來取代。

路跑盛行,跑服設計、剪裁美觀

一般跑服適用於跑步訓練中,因為鮮少需要立即轉換至其他項目,所以產品功能性要求舒適和排汗佳。一般跑服的耐用性也比壓縮衣褲和鐵人服更好,正常使用下,可穿至 2 年甚至更長的時間,只要衣物纖維沒有破壞、未產生異味或過度磨損,幾乎是想淘汰都無法淘汰的裝備。在全球路跑盛行及廠商的推波助瀾下,跑服的設計和剪裁,往往符合潮流、具有時尚感,且會針對性別推出不同設計。

男性跑服重機能,圖案色彩較陽剛

男性跑服,最重視的是透氣效果,因此腋下處的剪裁特別往下修,讓腋下部位增加透氣效果。服裝圖案和顏色也比較陽剛,穿在身上更顯自信,訓練起來也更較有活力。

女性跑服重時尚,展現身形不走光

女性跑服,不僅講求良好的透氣效果,服裝的花樣和顏色也是選擇的關鍵。明亮配色、流行的花樣,又要能彰顯獨特性。為避免走光,女性跑服不適合將腋下袖口放低,因此會在袖口處加強防磨的剪裁。為了增加透氣效果,跑服下襬剪裁會稍短,或設計露臍式運動背心。

如何挑選適合的跑服

幾乎所有品牌都有專業的跑服,像是 NIKE、ADIDAS、Brooks、Asics、Under amour、ZOOT 等等。一般跑服的價格約如下:無袖或短袖上衣約 1,000 ~ 1,800 元,長袖上衣為 1,500 ~ 2,200 元,慢跑短褲價格約 1,000 ~

跑服、壓縮衣褲及鐵人服的比較			
	一般跑服	壓縮衣褲	鐵人服
舒適性	較輕薄,無負擔	緊貼身體,需適應	為因應游泳項目,較緊繃
便利性	只適用於跑步項目	可進行三項訓練和比賽	可進行三項訓練和比賽
耐用度	正常使用可穿 2 年以上	10 個月後易鬆脫	正常使用可使用 1 年

左，男性與女性的跑服，在腋下和下襬的剪裁都有所不同。（圖片提供／IRONMAN Taiwan）

上，跑服在背部增添透氣設計，讓運動時更涼爽。

1,800 元。挑選適合的跑服有幾個原則要掌握。

原則 1 ▶ 聚酯纖維混紡材質，透氣快乾

除了裁剪及設計外，跑服著重材質的選擇。除非是皮膚易敏感者，非棉質布料不可，不然一般人多半會選擇吸濕排汗或與聚酯纖維混紡材質的跑服。棉布會吸汗，黏在身上不舒適，較不適合跑步穿著，相較之下，聚酯纖維混紡材質具有透氣快乾的特性，適合容易流汗的跑步者穿。

原則 2 ▶ 注意跑服背面的排汗孔設計

跑步服雖然剪裁簡單、造型簡樸，但各家廠商在科技的提升中，各自加入設計的巧思。跑步服背面的排汗孔，增加排汗效果，長時間訓練與路跑比賽時，能更快排出汗水、更舒適。

原則 3 ▶ 一定要挑選專業的慢跑短褲

許多初入門跑者或鐵人，剛開始會認為穿一件一般運動褲來跑步就可以。但只要試跑幾次，就會察覺跨下或關節部位容易磨傷或紅癢，這是因為布料與皮膚磨擦所致。事實上，只要參加長跑活動，建議最好穿專業的慢跑短褲，又稱「馬拉松褲」，俗稱「飄飄褲」。這種慢跑短褲有兩層，外層為排汗材質，內層也有排汗效果但布料較細，防止與皮膚摩擦產生的不適。

 跑服小知識
抗 UV 及涼感有效嗎？

因應紡織科技的進步，有很多廠商推出強調有抗 UV 及涼感功能跑服。前者已是跑服基本配備，但效果較難分辨好壞。目前似乎沒有如 GORE-TEX 般有的官方認證，因此無法查證。另外，現在的跑服都有增加排汗功能，加上布料非常薄，是否具有涼感功能，似乎也不是很重要了。

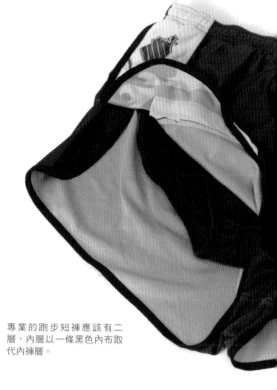

原則 4 ▶ 冬天搭配長束褲或風衣外套保暖

　　鐵人比賽時，基本上都會穿上專業的鐵人服，再不濟也是運動背心加慢跑短褲。這樣的服裝在夏天當然沒問題，但面對台灣寒冷的冬天，這樣穿肯定讓很多人寧可在家也不想出門訓練。建議在冬季的跑步訓練時，如果強度不高（例如跑個 10 公里以內），可以在慢跑短褲內加一條長束褲、跑步背心外加薄風衣外套。若訓練強度高的話（如一次路跑超過 10 公里），可以短褲加薄長袖上衣來保暖。

專業的跑步短褲應該有二層，內層以一條黑色內布取代內褲層。

（圖片提供／Compressport）

 達人這樣做！
穿慢跑短褲不需要穿內褲

慢跑短褲的內層具有包覆性，可跑者的下襠，也避免在激烈跑步時產生不適。而且內層透氣性佳，不會悶熱，所以穿慢跑短褲時，就不需要再穿內褲了。初入門者若不習慣，建議剛開始先以一般運動短褲＋內褲；漸漸習慣後換成慢跑短褲＋內褲；穿一兩次後再脫掉內褲試試，循序漸進會發現其舒適性，也會有安全感。女性有專用的飄飄褲，可選擇是否穿內褲。

 達人這樣做！
仔細保養，
可延長跑服使用壽命

跑步服剛買回使用的幾週內沒有保養，也沒有明顯的影響，但使用超過半年或 8 個月後，衣物的纖維遇到汗水和酸性物質就容易產生異味。為了延長跑步服的使用期限，建議在訓練或比賽後，立即脫下來以清水的沖洗，可減緩衣服纖維被破壞的程度。汗水具有鹽份和酸性，容易破壞跑步服的纖維。現場清洗後，放入塑膠袋中，將濕衣物和包包內的物品隔離，帶回家後再與一般衣物一起清洗。如果跑服不小心沾黏到不易清洗的物質，用清水加上少量洗衣精，用手搓揉，然後用清水沖洗乾淨，用脫水機簡易脫乾，再放置通風處晾乾即可。

排汗、穩定、恢復，一次搞定！
結合高科技，壓縮服一件抵三件

除了跑鞋、馬拉松褲以及各類運動機能產品，如雨後春筍般出現外，還出現了特殊鞋墊、機能褲、機能跑服、機能襪、恢復腿套等等。到底機能服與一般跑服有什麼不同？參加鐵人三項一定要有一件嗎？

壓縮服的特色機能介紹

腋下網狀處理，增加散熱效果，減少悶熱感。

胸口做條狀皺摺設計，方便穿脫，同時也減少胸悶情形。

下襬採用較薄材質利於蒸散，避免汗水向下流積於腹。

（圖片提供／ Compressport ）

過去，一般跑服是市場的主流，近年受鐵人風影響，壓縮服在跑服市場中漸漸嶄露頭角。因為原本的運動服材質功能為排汗和輕便，新興的壓縮服不只具備排汗和活動方便，各廠商競相設計不同的導汗效果和壓縮固定功能，是壓縮服崛起的最大原因。

一般在進行游泳、騎自行車、跑步單獨訓練時，使用者會穿著不同的運動服飾，但真正在鐵人競賽時，換穿運動服會相當費時。於是有的人會選擇穿壓縮衣褲或是比賽專用的鐵人服，參加比賽。

由於台灣氣候潮濕，運動時汗水容易悶在衣物裡不易排出，尤其在寒冷的冬天，潮濕的衣物加上強風吹拂，皮膚如針刺一般，大大消滅了鐵人們冬訓的勇氣。建議冬訓跑步或騎車時，可在內層加一件壓縮衣，外面再搭一件車衣或長袖跑服，讓內層的壓縮衣物快速吸汗排汗，免除皮膚濕黏不適、保持外層衣物乾燥，冷風吹也不致失溫。

因此，壓縮產品不要選擇寬鬆的尺寸，以免因無法與身體貼合，使功能大打折扣。最好徵詢專業人士的建議，並實際套量。了解壓縮產品的特色和功能，才能挑選出適合自己的產品，在賽場方能如虎添翼。

各種壓縮產品的機能及介紹

　　以下詳細介紹各種壓縮產品，以及針對身體各部位的功能設計。

壓縮衣──服貼，透氣、排汗效果佳

　　挑選壓縮上衣時，要注意穿起來是否服貼，它最大功能就是能降低騎乘自由車時的風阻。一般壓縮衣都會設計小口袋，用來擺放補給品。考量到游泳項目需要大範圍的動用上肢關節，因此肩膀部位會採用較薄的防磨材質；優良的透氣和排汗效果，幫助選手在長時間運動時，將體溫控制在適當範圍內，不致於失溫。

壓縮褲──防磨、加壓，保護下半身

　　壓縮褲的內部設計了類似自由車褲的小軟墊，在長時間騎乘時，臀部能多一份保護。壓縮褲內側也採用較輕薄的材質設計，跑步時才不會因雙腳與跨下的摩擦而破皮。這些貼心的設計除了利於運動外，鬆緊有致的加壓功能，更能穩定並保護鐵人的下半身。

壓縮腿套──幫助末梢血液回流

　　壓縮腿套的功能更大，它能幫助末梢血液加速回流，因此很多選手在運動結束後穿戴，有助於肌肉的恢復，更多人在運動時穿戴，可幫助肌肉穩定。許多馬拉松跑者相當倚賴壓縮腿套，不過在鐵人比賽中，穿戴壓縮腿套會浪費許多時間，所以選手們多半從游泳項目開始就將壓縮腿套穿戴在身上，到跑步結束為止。

壓縮衣物的 6 大優點

　　壓縮衣物的優點如下：

優點 1 ▶功能性佳

　　鐵人選手選用壓縮產品的好處之一，是可將一件壓縮產品當三件使用，不管游泳、騎車、跑步甚至做重量訓練都可以穿。

優點 2 ▶產品多樣化

　　一般運動服產品百家爭鳴，發展時間也較長，樣式也愈來愈多樣化，挑選到自己喜歡又具有特色的服飾不是難事。

優點 3 ▶透氣效果佳

　　壓縮產品在人體流汗量較大和容易累積汗水的腋下和背部，增加導汗流線的設計，使汗水隨著流線排往導氣孔，減少停留在身體的時間。汗水能快速排出，可保持身體乾燥不濕黏。

一般運動服飾與壓縮產品的差異		
項目	一般運動服飾	壓縮產品
功能性	多為單一運動項目	可用在多種運動項目
產品多樣性	布料、顏色及設計較多樣	目前以單色系為主
透氣效果	選用排汗材質來輔助排汗	利用特殊設計將汗水快速導出
運動中提供穩定性	無	透過壓縮來增加穩定性
恢復的效果	無	訓練和比賽後使用效果佳
價格（新台幣）	1,000 ～ 1,500 元	2,500 ～ 3,500 元

優點 4 ▶ 提高運動時的穩定性

壓縮褲能為大腿穩定加壓，使大腿的肌肉更集中，給使用者一股包覆著肌肉的保護力，增添運動時的安全感。

優點 5 ▶ 壓縮輔助使身體快速恢復

在訓練及比賽結束後，使用壓縮腿套及壓縮襪，能提升血液回流的速度，使運動後疲勞的肌肉能在更短時間內恢復。

優點 6 ▶ 一套抵三套 CP 值高

一般服飾的剪裁和功能較陽春，價格比多功能的壓縮產品便宜，但以壓縮服「一套抵三套」的高 CP 值來看，選購壓縮衣物反而划算。

挑選適合自己的壓縮衣物

現今壓縮產品款式和樣式五花八門，功能和

使用時機也需要經過考量，在不同氣溫、濕度時，應該如何選擇不同功能的壓縮產品，是需要經過思考的。而且各品牌主打的壓縮功能與效果都不同，所以必須分析賽事特色來選購。像是以強大散熱排汗功能出名的，如：Skins、X-Bionic，適合於險峻的氣候環境下採用；也有以品牌特色設計為主，如：Compressport、Titan，產品多樣、方便穿搭，市占率非常高；其他也有瞄準女性需求而設計的壓縮產品。以下，就介紹幾款市面知名品牌，以及挑選壓縮產品的技巧。

推薦 1 ▶ 散熱排汗功能強大的 X-Bionic

以台灣來說，5 月份以前和 10 月份以後的賽事，因為春秋季節天氣濕冷，因此頗適合穿著X-Bionic 的壓縮產品。來自瑞士的 X-Bionic 以解剖人體肌肉般精細地，對身體各部位結構設計特殊導汗處理，增加腋下、下背的排汗功能，將

具強大散熱排汗功能著稱的 X-bionic 壓縮衣褲（圖片提供／ X-Bionic）。

Compressport 的壓縮產品很適合初次體驗壓縮衣的入門者。（圖片提供／ Compressport）

汗水快速導出，在長時間運動下還能保持身體表面乾燥，適合低溫時保持身體乾燥避免失溫狀況發生。XBionic 單件價格約 3,500 ~ 4,500 元，整套則在 9,000 元左右。

推薦 2 ▶ 顏色款式多樣化 Compressport

同樣來自瑞士，擁有最多樣式及顏色是 Compressport 的最大特色。鮮少使用矽膠材質，減少過敏發生的可能性。壓縮力量平均施力於整件產品中，有適合各種身型的尺寸，不會過度刺激肌肉，適合第一次接觸壓縮產品的使用者。壓縮腿套價格約在 2,000 ~ 3,000 元，單件壓縮衣或褲價位大約在 2,500 ~ 3,500 元，整套則為 6,500 ~ 7,000 元左右。

推薦 3 ▶ 專為女性設計的 CW-X

由華歌爾設計出產的 CW-X，並非將整件壓縮服做加壓處理，而是利用女性體型的特色局部加壓，減少穿著的不適感。壓縮褲增加髖關節及肌肉穩定，以黑色為底搭配繽紛色條點綴，簡約又有特色，是現今女性壓縮產品的首選。CW-X 的壓縮衣價格約在 2,500 ~ 3,000 元，壓縮褲價格在台幣 5,500 ~ 7,000 元。

CW-X 是現今女性壓縮產品的首選。（圖片提供／ CW-X）

達人這樣做！
壓縮衣物的清洗與保養

壓縮衣物穿戴完畢後，不建議像洗一般衣物一樣丟入洗衣機中。因為洗衣機的扭力會讓壓縮產品的彈性變差，影響貼身排汗的效果。建議用手洗代替洗衣機清洗。手洗後，輕輕擰乾，將壓縮衣物平放於通風處晾乾。如需使用脫水機，請平放於脫水機底部，減少脫水機於高速旋轉時拉扯衣物。

補給不求人，小配角大用處
跑步必備配件，路跑補給快又有效率

　　馬拉松路跑賽一路上有不少補給站，鐵人的路跑賽程相較之下比較辛苦，補給站的配件不能滿足鐵人的需求，因此選手必須停好自行車後，將遮陽帽、沈重的腰帶水壺、補給腰包等一一穿戴在身上一起跑，最重要的是，連這些穿戴的時間都要計算在賽程中，因此如何挑選能快速穿戴的設備，成為挑選這些小配件的重點。

　　別小看這些小配件，以遮陽帽來說，因為自由車項目移動速度較快，汗水容易被快速移動的風給帶走，但因為跑步速度較慢，也需要運動到較多的肌肉群，容易有較多汗水殘留在臉上，經太陽曝曬含鹽分的汗水會讓表皮疼痛，這時有頂遮陽帽就能減緩疼痛，減少陽光直接照射在臉上的機會。其他配件如腰包、手機臂袋等，也是鐵人路跑時不可或缺。

必要配件 1 ▶
遮陽帽，保護頭部溫度及防曬

　　或許會有人問：跑步過程中一定要戴帽子嗎？建議使用，依個人需求取捨。不過，因為頭部的溫度是身體各部位中最高的，在比賽中激烈運動時，頭部溫度的控制非常重要。鴨舌型的遮陽帽能夠遮蔽正面一半以上的部位，減緩臉上汗水受到陽光直接照射。可以因應氣溫在賽前選擇不同類型的遮陽帽，例如：封頂式的遮陽帽適合在春

跑步裝備齊全，在路跑練習過程才能更舒適且便利。

初秋末時佩戴，除了遮陽外，還可以保持頭頂的體溫；中空帽適合夏季使用，頭頂的簍空設計能促進頭部透氣。

遮陽帽款式類型非常多種，許多開發跑步或戶外活動的品牌，都有功能佳、價格優渥的產品，如 NIKE、ADIDAS、Ascis、ZOOT 等，價格約 800 ～ 1,200 元。特別針對鐵人三項運動所設計的 ZOOT 品牌，採用 100% 的 Coolmax 材質，增加吸汗排汗效果，其帽緣前緣柔軟適合長時間戴著，封頂式遮陽帽適合用在氣溫攝氏 20 ～ 30 度、中空式遮陽帽則適合攝氏 30 度以上的路跑賽程。

自帶腰包補給不求人，比賽中吃自己喜歡的食物。

必要配件 2 ▶
腰包與腰帶水壺，補給不求人

補給站的食物少不了基本的礦泉水、運動飲料、香蕉等，此外，不同主辦單位會準備不同的補給品。在艱辛的路跑賽程中，如果想要吃到自己喜歡的食物，還是得靠自己準備。

再加上，最外層的鐵人衣不像自行車衣有衣袋，所以攜帶食物或補給成了一大問題。如果利用腰包或腰帶水壺裝帶自己的食物，除了可以順利攝取補給品外，還可以降低跑步時的晃動將補給品從身上甩下來。至於何時配戴腰包或是腰帶水壺，視跑步賽程距離而定。

舉例來說，113 公里半程超鐵以下的比賽距離，路跑賽段的補給品皆可自己攜帶，利用簡便輕巧的小腰包就可以了。腰包不僅可以攜帶補給品、現金、鑰匙、緊急狀況小紙條、手機等，還可以將號碼布別於腰包帶上，在轉換到跑步賽段時，就不會帶了腰包帶卻忘了號碼布的窘境。

若是參加 226 公里超級鐵人三項比賽，因距離及時間過長，建議用多功能腰帶水壺。其特色在於，腰包上多了能擺放 2 至 4 個約 100 毫升小水壺的空間，可在水壺中裝入喜歡的運動或提神飲料。自己攜帶補給品的好處，是除了可以攝取自己習慣的飲品外，還可以減少到補給站拿食物、飲料的時間，跑步速度更加穩定。

腰包價格落在 700 ～ 1,000 元，腰帶水壺價格在 700 ～ 1,500 元，可挑選的品牌有：NATHAN、Leader、Zenergy 等等，主要推出跑步腰包的品牌以戶外用品居多。腰包容量大小和腰包尺寸是主要挑選的變因，容量決定了能

達人這樣做！
賽程中的海綿塊怎麼用？

路跑賽道補給站的海綿塊是做什麼用？鐵人新手大多會產生疑惑，看別人將海綿塊的水往頭頂淋或擦拭頸部汗水，便照著做。其實，在跑步過程中，頭部溫度會升高，只有淋水於頭頂效果還不夠，建議最好將每個補給站提供的沾濕海綿塊，放在遮陽帽與頭中間或是帽帶後緣，利用海綿塊的水分幫頭部降溫。跑到下個補給站可以再淋上新的礦泉水，再濕潤海綿塊和帽子，降低頭部溫度延長續航力。

帶手機、GPS 手錶、現金、鑰匙、緊急狀況小紙條以及更多的水，因此擁有置物空間的多功能腰帶水壺。

議先試戴，戴著活動手臂、檢查尺寸是否適合、實際放入手機查看會不會掉出。一般價格約在 700 ~ 1,200 元左右，參考品牌有 Yurbuds、Lavod 等。

手機延伸耳機 VS. 運動防水耳機

耳機可選擇防水功能耳機，耳塞式或耳掛式則依個人習慣挑選。耳塞式耳機可避免汗水和雨水侵蝕，運動時音樂更能聽得清晰並能更加固定，而耳掛式耳機長時間配戴較不影響聽力。目前市面上的手機延伸耳機價格約 1,500 ~ 2,000 元左右，參考品牌有 Yurbuds、audio-technica 等。

另外，許多耳機廠牌結合了運動與耳機防水的功能，除了不怕風吹雨打之外，還可以直接戴入水中進行訓練。運動時不僅不受耳機線牽絆，還少了手臂上手機的束縛，對於上山下海的鐵人

裝補給品的多寡，以鐵人三項比賽而言，能裝下兩隻 4 吋螢幕的手機就夠了。腰包尺寸因為幾乎都有伸縮調節的功能，只要試戴並試跑時不會向下滑動即可。

必要配件 3 ▶
臂帶＋耳機，音樂是陪伴不是牽絆

在鐵人訓練和比賽中，雖然會有志同道合的夥伴，但訓練中的練習配速不同，比賽中千變萬化的情況也不同，所以練習時或比賽後段幾乎都是孤軍奮戰，有人喜歡這種寧靜，也有人需要藉由音樂來撫慰人心。運動音樂耳機、手機運動臂帶也隨之崛起。

手機運動臂帶

常看到有人手臂上綁著一個袋子，其中裝著手機、連著戴在耳朵上的耳機線，那個袋子稱為「手機運動臂袋」，有了它，運動時不用把手機一直拿手上，讓跑步更加輕盈。這項產品各體育用品大多都有，顏色甚多可任君挑選，購買時建

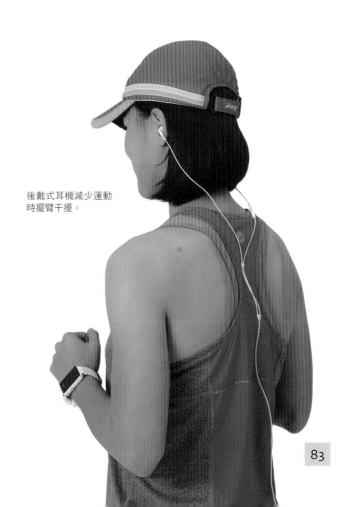

後戴式耳機減少運動時擺臂干擾。

動風鏡抗 UV 的功能，能夠保護運動員的靈魂之窗。（圖片提供／Oakley）

Brooks 推出夜光帽 Brooks Hat II，價格為 680 元。（圖片提供／ Brooks）

SONY NWZ-W273 防水運動 MP3 耳機，可連續播放 8 小時。（圖片提供／ SONY）

NIKE 3M VAPOR 全反光外套，價格約 10,500 元

達人這樣做！
運動時耳機最佳佩戴法

在運動中，耳機線的選擇和戴法需要非常講究。先連接耳機與手機或音樂播放器，耳機線的長度以上半身能夠左右旋轉不受影響為主，然後用橡皮筋固定，並將多餘耳機線塞回手機袋內，將兩邊耳機從頸後佩戴，讓耳機線不影響手臂擺動，騎車時不會影響手把的控制。不過，若是在馬路上運動，最好只戴單耳耳機，確保了解路上的狀況，保障自身安全。

選手來說是一大福音。目前市面上的運動防水耳機價格約 2,000 ～ 2,500 元左右，參考品牌有 SONY、SCOSCHE TUNESTREAM 等等。 以 SONY NWZ-W273 防水運動 MP3 耳機為例，可連續播放 8 小時、容量 4GB、可放入近百首歌曲，以及水下兩公尺防水功能，游泳訓練時也可使用。

必要配件 4 ▶
跑服反光設計，增加夜跑安全

全程超級鐵人 226 公里比賽時，最後路跑賽段幾乎都接近傍晚，天色逐漸昏暗、選手精神不濟、用路人視力判斷力變差，所以穿著亮色系或反光設計的服飾，會增加安全性。

不僅比賽中要注意穿搭反光服飾，在平常訓練裡也很重要。一般人要在工作及必要外務時間之外，才有時間訓練，因此清晨和夜晚常是鐵人訓練的黃金時段，因此反光及易辨識的需求遠大於舒適感。務必注意夜跑時的安全，避免「為了一次的訓練，付出一個月甚至一年休息的代價。」

各家運動品牌皆有產品設計反光條紋，增加黑夜裡的辨識度，如：NIKE、ADIDAS、Ascis、ZOOT 等等，價格約 1,000 ～ 1,400 元。另外要考量下雨時，夜光服的夜光效果如何，可沾清水後，用手電筒照射檢查效果。當然要先詢問店家可否如此測驗，否則造成麻煩就不好了。以 NIKE 3M VAPOR 而言，將 3M 的反光設計運用在外套上，並增加防潑水功能，使外套即使在下雨的黑夜，也能清楚反射光線，大大提升安全性。

另外，Brooks 在運動帽上除了吸溼排汗的材質外，特別設計符合亞洲人頭的型帽型，跑步時不易滑動，帽子顏色則為鮮明的黃色，增加夜跑時的辨識度，除了穿戴舒適，更增加了安全性。

善用訓練器材，長程跑輕鬆過關！
提升肌力、技巧與能量系統的秘密武器

鐵人三項比賽中，時間及距離的安排比例為——游泳：自由車：路跑 = 1：3：2，顯示除了自行車外，跑步是排名第二的重要項目。即便如此，鐵人三項的訓練卻必須兼顧三者，相較之下，幾乎每個人都會的跑步項目，便著重在最短時間內達成效果，且訓練課程設計更以活潑為主，避免無趣。

因此跑步練習的目標，不光是設定在操場或馬路上，不斷增加跑步的總距離量，反而必須思考如何提升肌力訓練、跑步能量系統、跑步技巧，才能讓跑步能力獲得進步。因此，所謂的「能量系統訓練」，必須透過科學化的間歇訓練和有氧訓練來提升；而跑步的肌力及技巧訓練則必須透過輔助器材，像是以拉力繩、彈力帶提升肌力，或是利用角錐、小欄架、繩梯、節拍器等提升跑步技巧。

以上器材有的太過專業，一般運動用品店買不到，建議直接向產品公司訂購。

訓練輔具 1 ▶拉力繩

拉力繩是種會拉越緊阻力越大的訓練器材，與重量訓練最大的不同在於，重量訓練的重量

左圖為拉力繩，右圖為在使用拉力繩做跑步訓練的情況。

一致，因須自行加負重量，運動過程中不會因施力而改變重量。拉力繩則利用拉扯拉力繩，來控制輸出的力量，訓練時，須注意拉力繩的張力，並定時檢查拉力繩的耗損狀況。如有損壞出現裂縫，最好停止使用，因為破損的拉力繩像顆不定時炸彈，隨時會因拉扯而斷裂，造成使用者受傷。

在跑步上的訓練，可以與夥伴一起訓練或是單人訓練。與夥伴一起訓練的方式，是將拉力繩的保護腰帶繫於兩人腰際，其中一方向前奔跑，除了藉助體重及施力往前移動之外，還要拖著後方的夥伴，這樣運動需花費許多力量來完成，達到肌力訓練的效果。如果是單人訓練，可將腰帶繫在欄杆上，獨自向前奔跑，拉力繩的彈力可增加阻力，也有提升跑步肌群肌力的效果。市面上販售的跑步專用拉力繩價格約 800 ～ 1,000 元之間。

訓練輔具 2 ▶ 彈力帶訓練

拉力繩主要用來加強跑步動作中的肌力訓練，彈力帶則偏向小肌群的訓練，尤其是下肢肌群，但若有需要也可訓練上肢肌群。所謂的「下肢肌群」訓練，主軸在訓練左右的肌肉平衡。使用方法是將彈力帶繫於腳踝、小腿、大腿三個部位，

不同部位有不同效果及用力方法，例如，如果運動後膝蓋內側只是痠痛，那不一定是運動傷害，可能是不適應此動作的強度，建議可用彈力帶綁住兩條腿後，向外撐開，來強化外側的肌肉。若要鍛鍊一般較少練到的大腿後側，可趴在床上，用彈力帶輔助將膝蓋彎起，這動作可練大腿後側的肌力。

彈力帶市面上價格約 300 ～ 500 元之間，著名的品牌有 Energy、Sanctband 等。採購時要注意，不同款式都有不同顏色，顏色則代表不同的彈力係數，通常顏色愈深代表彈力阻力愈強。但不同品牌或許有不同的設計，可詢問店家

可把彈力帶綁在下肢，進行前後左右的小肌群訓練。

達人這樣做！
拉力繩的保養方法

拉力繩是橡膠材質，耗損的原因主要是拉扯過度及久置被空氣氧化。如果是因為正常訓練的拉扯，只要注意破損情況替換即可；至於避免氧化作用，建議在每次訓練使用後，將拉力繩擦乾並裝入塑膠袋內，隔絕空氣，以延長使用時間。

訓練角錐較扁較低，所以跑動時即使踢到，也不易影響跑者。

或查詢該廠牌的「彈力係數圖」。選購時，建議最好找專業的教練或跑步專家，針對你的跑步訓練內容，提供強力帶級數與專業的建議。

訓練輔具 3 ▶ 小角錐

跑步技術中，肌肉控制能力也是很重要的一環。能在短時間快速往不同方向移動身體，腳踝、小腿、大腿及臀部的配合非常重要，增加這些肌群的控制力，對跑步有正向幫助。此時運用角錐練習折返跑步是必要的。

一般操場都是以跑道線來分隔跑道，若要練習折返跑，容易跑錯地方，或是因為需要仔細辨別折返點而放慢速度，影響了訓練的品質。所以若以小角錐作為練習折返跑的輔助，可以更方便地辨別折返的位置，大幅提升訓練的流暢度。而且角錐排定後，可以提醒其他在操場上運動的民眾，避免發生碰撞，增加安全性。目前小角錐產品的專業品牌有 Fun Sport，價格約在 30 ～

40 元／個之間。

訓練輔具 4 ▶ 小欄架

小欄架，外觀有如田徑賽場上跨欄的欄架，但高度和重量均較小，在跑步訓練中適合作為動作協調的輔助器材。小欄架輕巧易於移動，有不同高度可自由設定距離，很適合做跑步訓練中的

可依訓練動作選用不同高度的小欄架，以提升動作協調性。

選手正在進行繩梯訓練的動作。

馬克操,就是抬腿走、抬腿跑、跨步走、跨步跑等動作。

　　不過,也因為小欄架輕巧,不小心碰到就會翻倒或彈開,因此練習者很容易知道自己的跑步動作不正確,可當場修正。在團體訓練中,可以自由擺放小欄架的位置,增加訓練過程的趣味性,讓單調的跑步動作訓練增加挑戰性和新鮮感。市面上較著名的 Fun Sport 品牌,價格約 140 ~ 160 元/個。

訓練輔具 5 ▶ 繩梯

　　繩梯給人的第一印象,是美式足球和足球選手使用的器材,其實在跑步訓練中也可融入繩梯的訓練。繩梯的使用方式,和兒童玩的跳格子遊戲很像,利用跳動跑步通過但不能踩到線,可作為訓練的熱身動作。跳繩梯動作會讓腿部肌肉快速收縮,也可訓練正向、側向的敏捷移動度。

　　跑步的肌力和技巧經過以上的訓練提升後,就像要烹煮一頓晚餐,已經準備好食材,剩下的工作就是料理食材。這道料理的手續,也是跑步裡最重要的事情:將跑步肌力和跑步技巧融會貫通地運用。要達成這一步,可以利用用跑步節拍器訓練步頻,以及用用跑步機訓練動作、提升速度。繩梯品牌例如 Fun Sport,價格約 1,200 ~ 1,500 元。

訓練輔具 6 ▶ 節拍器

　　節拍器雖然通常是練習樂器時使用,但跑步時也可使用節拍器,幫助穩定步頻。跑步的步頻若在 180 以上/分鐘,有助於提升跑步的經濟性和效率。如果只靠手錶的秒數和默數,得出的步頻數很可能不準確,還可能為了要數步頻而打亂了跑步配數。所以可以利用節拍器,以其穩定節奏幫助自己完成設定的目標。透過幾次練習,逐漸提升步頻,讓鐵人三項的最後跑步路段,成為輕盈又輕鬆的項目。

　　目前市面上的節拍器以 SEIKO、BGTM 較為知名,市價約 700 ~ 1,000 元/個。建議選擇可控制音量、方便攜帶的款式。

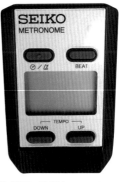

節拍器最好選擇可控制音量,並方便攜帶的款式。

訓練輔具 7 ▶ 跑步機

有些人認為，室內的跑步機訓練感覺像是倉鼠跑履帶、永無止盡、十分無趣，而且鐵人跑步賽段是在柏油路上比賽，所以訓練也應該要在柏油路上進行，因此有時寧願選在戶外淋雨曬太陽，也不想在室內跑跑步機。但是跑步機有以下幾項優點：穩定的配速和節奏，以及可藉由跑步機的輔助來刺激出最高速度。

進行跑步機訓練時，最好要有專業教練陪同或做好安全措施。

跑步機優點 1 ▶ 穩定配速和節奏

因為跑步機可準確訂定速度，於是可以將「維持速度」的工作交給跑步機，自己則維持一定的步距和頻率，就可以漸漸適應自己所訂定的速度，被動式的刺激自己維持一定速度的能力。

跑步機優點 2 ▶ 刺激最高速度

現在跑步機的速度都可提高至 22 ~ 24 公里／小時，換算成跑 400 公尺操場一圈，時間可以低於一圈 70 秒，這對許多剛起步的鐵人來說，已經超過自己的極速，因此可以利用跑步機的速度，來刺激自己的最高速度。進行跑步機速度訓練時，最好要有專業教練陪同，或做好安全措施，並先用低速進行訓練，切勿在動作尚未準備好時加速過快，導致危險發生。

使用方法為，先將跑步機運轉速度訂定為自己的最高速度，雙手握於跑步機握把，雙腳踩在跑步機兩側，雙手將身體撐起於跑步機上空，讓腳稍微能碰到跑步機履帶，等到雙腳漸漸跟上節奏後，再慢慢放掉手的支撐力。在跑步機上進行自己的跑步極速訓練，約跑 20 ~ 25 秒後身體會開始衰竭，若需要停下來的話，將雙手撐於握把，讓腳漸漸離開跑步機，再將雙腳跨於兩側。目前市面上以 BH、Johnson Dyaco 較著名，價格視機種功能而定，大約在 30,000 ~ 80,000 元左右。

PART 04

體能訓練 VS. 科技輔助

訓練不只游騎跑，
器材╳APP，讓我變更強

　　過去鐵人三項大多專注於游泳、騎車和跑步的訓練，近年來，新觀念引進，為訓練品質帶來改革——體能和肌力訓練也同等重要。同時拜科技普及所賜，透過專業軟硬體裝備，為休閒運動者提供更有效率的訓練方式。如同建構金字塔，打底的工作要做好，基礎的體能要必須靠一次一次的練習累積。

　　運動按摩可預防運動傷害、提升恢復效率，不過並不建議剛入門的鐵人花大錢去做運動按摩。自己準備簡易的工具，例如「瑜珈棒」、「按摩抗力球」，也可以達到類似按摩的效果。另外，鐵人也可以利用幾款入門科技工具，為自己的訓練過程建立完整記錄。

　　過去只有專業運動員才有教練協助，現在，透過一些設備讓教練彷彿隨時在身邊。在網路社群和同好分享經驗、與教練進行交流，而學到更多有參考價值的經驗與技巧。

　　因為參與鐵人三項運動，我們了解了這麼多專業和知識，擴展人生的體驗與視野，還有什麼比這更有趣呢？讓我們來了解，有哪些訓練科技和裝備可以協助我們變得更強吧！

5 分鐘看懂

訓練器材全覽圖

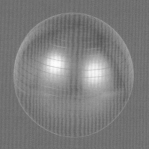

抗力球

BOSU

鐵人三項表

運動訓練網站

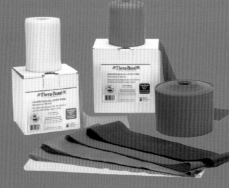

彈力帶與彈力繩

運動 APP

瑜珈棒

（器材提供／科正國際、Garmin、My Sports、Topeak）

提升身體柔軟度，增加體力、減少運動傷害！
讓心肺及肌耐力 UP 的好用器材

2011 年台灣的鐵人賽事不超過十場，至 2013 年已是二位數的場次，2015 年預計超過二十、逼近三十場，等於旺季週週有賽事。賽事如此熱門，代表挑戰鐵人的機會並非遙不可及，運動的興盛也是社會風氣的正向指標。但是過於「熱血」，忘記做好充分的訓練準備，換來的常常是運動傷害，反而折損運動樂趣。

鐵人三項是長距離的挑戰，必須透過計畫性的訓練加強專項技術和體能訓練，以期「微笑進入終點」。以金字塔來說，專項技術就像是金字塔的頂端，而基礎體能是地基，地基穩固金字塔才能蓋得高。在鐵人三項運動領域中，主要的基礎體能包含了「心肺」、「肌耐力」、「柔軟度」

和「協調性」四個部份，這四部份能力都提升，才會有好的訓練效果，以及建構安全強壯不容易受傷的身體。心肺功能可以透過計畫性地跑步、騎車、游泳來改善，但是其他三項則必須透過專業的方法和器材，進行有計畫的訓練和恢復，才得以建構。在此介紹關於體能訓練的好用器材外，更會介紹修復身體的好用設備。

體能訓練好用器材 1 ▶ 徒手式

徒手訓練不需要搭配器材，只要有空間就能夠進行，像是常見的伏地挺身、棒式撐體等等。沒器材不代表不專業，就算是職業選手也常徒手

伏地挺身（左圖）和棒式撐體（右圖），是隨時隨地都可做的徒手訓練。

固定式器械只能針對單一部位訓練，對鐵人三項的訓練效益不大。

訓練，來維持基礎體能喔。

體能訓練好用器材 2 ▶ 固定式 VS. 開放式器材

一般健身房常見的是固定式的器械，也是入門者最常採用的訓練方式，例如，鍛練背肌的滑輪下拉，因為操作簡單、安全，大多數健身房都會設置這種健身器材。

固定式器材訓練效果有限

鐵人三項是全身性的運動，但固定式器械大多只能鍛練到單關節，所以對鐵人三項所需的肌肉能力幫助不大，因此進階鐵人較不常使用。加上這類型的器械造價昂貴，體積也比較大，一般民眾很少購買。

開放式器材較貼近實際運動狀態

相較之下，開放式器械看起來很陽春，只有槓鈴、啞鈴、槓片等器材組合，卻是最多運動選手使用的重量訓練器材。開放式器械是多關節功能性訓練，例如：蹲舉（Squat）、向前弓步

功能性訓練能達到多關節同時參與，訓練更全面。（圖片提供／科正）

（Lunge）等，雖然是鍛鍊腿部的訓練，但過程中需要許多關節肌肉參與才能保持平衡，更接近實際運動的狀態。開放式器械能夠訓練到全身多部位的肌肉，若同時搭配不同的「訓練課表」，針對肌耐力、爆發力、專項運動的平衡感訓練，都有非常好的效果。

開放性訓練器材的缺點是危險性比較高，不管是被槓鈴砸到，或是不正確動作造成的運動傷害，都非常嚴重。不管是入門還是進階鐵人，建議都要有專人在旁協助，才不有危險。

體能訓練好用器材 3 ▶ 橡膠製器材

在家中不方便進行開放式器材訓練時，除了徒手，還可以使用橡膠製的器材做為訓練輔助。橡膠製品有很好的彈性，可以藉由拉、踩、控制，產生阻抗力，達到訓練效果。常見的橡膠製訓練器材有「彈力帶」、「彈力繩」、「抗力球」。

彈力帶與彈力繩

彈力帶與彈力繩是一樣的產品，只是生產廠商不同，外觀也有些不同，有的是帶狀，有的是

彈力帶有不同厚度，愈粗的彈力帶產生的阻力愈大。

彈力帶可以訓練手臂的肌耐力，也能用在賽前熱身（左），環狀彈力帶常用於髖關節周邊肌群的訓練（右）。

環狀，但都是透過拉伸以產生收縮阻力，達到訓練的效果。愈粗、愈厚產生的阻力也就愈大，可以依據自己的能力選擇。

帶狀、環狀等不同的樣式，可針對不同部位進行訓練，基本的帶狀變化較多樣。像是針對游泳的肌耐力，可以利用彈力帶作出類似划水的動作訓練，有些菁英鐵人選手參賽時也會以彈力帶熱身，作為喚醒肌肉的工具。

另外，環狀彈力繩則常用在髖關節周邊肌群的訓練，髖關節周邊肌群的提升，對游泳、自行車與跑步，都有很大的幫助。

彈力帶和彈力繩，都是便宜的訓練器材，一組價格在 300 ~ 500 元之間，卻能訓練不同部位，可隨身攜帶又容易上手，在家就可以達到肌耐力訓練的目的，很適合初入門的鐵人和女性選用。

抗力球具有彈性及不穩定性，可同時訓練腹背肌以及髖關節周邊肌肉。（圖片提供 / 科正）

抗力球大小與身高關係

身高	<155cm	160~165 cm	>170cm
抗力球大小	55 cm	65 cm	75 cm

抗力球及 BOSU

　　抗力球有不同的名稱，有人叫它「平衡球」或「瑜珈球」。抗力球彈性好、有不同大小，過大的球對身高矮的使用者會感到吃力，甚至雙腳無法穩定接觸地面，過小的球又達不到訓練強度，唯有選擇適中大小的抗力球，才能達到正確的訓練效果。

　　它的訓練原理是利用抗力球具有彈性的表面產生不穩定性，達到更好的訓練效果。舉例來說，伏地挺身主要在於訓練上肢肌群，加入抗力球使操作者處於不穩定的狀態，勢必須倚賴更多腹背肌以及髖關節周邊肌肉來保持平衡，提升訓練效果。

　　抗力球除了圓球之外還有半球形的「BOSU」。正反面都可以做訓練的 BOSU，可以加入常見的棒式、伏地挺身等動作。另外 BOSU針對腳踝周邊細部肌群的強化特別有效，利用不穩定的狀態訓練，減少路跑時足踝受傷的機會。

　　抗力球的價格略高於彈力帶，一個約台幣 1,500 元，BOSU 一顆則是 600 元左右，不過可以使用很久，訓練效益又很高，是很不錯的訓練器材。

　　其實，不管是抗力球或 BOSU，其不穩定表面除了增加肌耐力以及核心的能力之外，也能提升身體的協調性，因為不穩定狀態需要更多的小肌肉群參與，過程中會刺激神經傳導讓大腦更能「感受身體動作」，一些平常忽略掉的小細節，都可以藉由不穩定狀態的訓練來提升。不過，訓練必須循序漸進，若在訓練過程中發現自己的動作走樣或是身體歪斜，應該停止當下的練習，回到基本的訓練。

半圓球狀的 BOSU，對足踝部的強化有很大的幫助。（圖片提供 / 科正）

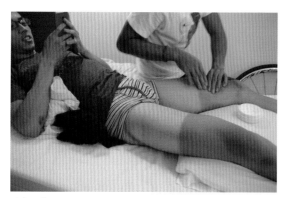

按摩是「主動」的疲勞恢復，除了緩解肌肉緊繃，也預防運動傷害。

修復身體專用的好器材

訓練，其實都會讓肌肉纖維產生輕度破壞，若是過度訓練，破壞性更大甚至會造成傷害。但破壞並不是壞事，接下來藉由休息和營養補充修復肌肉，使其在恢復的過程中達到修復並進而成長。換句話說：進步，就是身體經過訓練的破壞再修復的過程！

修復並非單純睡覺或是完全不運動，應藉由優質的營養補充、伸展放鬆以及按摩等方法，「主動」加速修復速度，才能面對下一次訓練的挑戰。在世界級的鐵人競賽中，頂尖選手幾乎都有按摩的習慣，因為按摩除了能舒緩訓練後緊繃的肌肉，也能避免發生運動傷害。

修復身體好用器材 1 ▶ 瑜珈棒

專業運動按摩費用高昂，不建議入門者常常這麼做。業餘鐵人愛好者可以使用「瑜珈棒」來達到接近的效果。瑜珈棒是發泡材質的圓柱體，可用自己身體的重量加壓在瑜珈棒上達到按摩的效果。部分款式會在中心加入類似水管的材質以增加硬度，或是在表面設計顆粒狀增加按摩的力道。

市面上販售的瑜珈棒一支約台幣 1,500 元，初次聽到可能會覺得有點貴，但感受過它的好處之後，就會覺得非常值得了！

可用自己身體的重量加壓在瑜珈棒上，達到按摩的效果。

修復身體好用器材 2 ▶ 按摩球

　　如果覺得瑜伽棒的按摩力道不夠，或是無法放鬆深層肌肉，也可以使用「按摩球」。比起瑜珈棒，按摩球更能針對單點的深層做放鬆，

我家就是鐵人訓練健身房！

5,000 元有找！在家建構鐵人訓練區域

鐵人訓練很難嗎？很貴嗎？其實不然。入門級的鐵人們，只要準備一張瑜珈墊、瑜珈棒、網球、彈力帶一綑以及抗力球，不但 5,000 元有找，而且在家就可以準備自己的健身小角落。

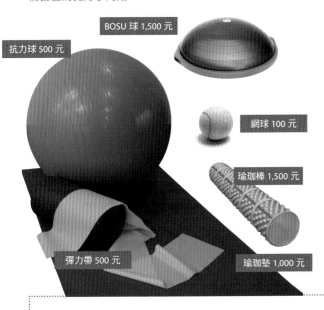

BOSU 球 1,500 元

抗力球 500 元

網球 100 元

瑜珈棒 1,500 元

彈力帶 500 元

瑜珈墊 1,000 元

按摩球也可以利用網球來替代。良好的按摩可以加速恢復，每天訓練後別忘了「滾」一下喔。

任何訓練最好先諮詢專業教練

　　不管是彈力繩、抗力球或瑜珈棒，都不該只是「買個器材回家用」，雖然這些器材危險性較低，但使用前都應該經由專業教練的指導。可以先洽詢專業的健身房、 有認證的私人教練，不只請他們給予動作上的建議，也可針對器材項目的購買，尋求專業及適合自己程度的建議。

 達人這樣做！
選一張瑜伽墊，訓練不易受傷害

上述的訓練器材，都需要在地面上使用，一般家庭地面多是堅硬的瓷磚，建議選購搭配瑜珈墊，減少脊椎和堅硬地面碰撞產生的傷害。預算可以設定在 500 元以上，選購重點在於材質、厚度和長度。瑜珈墊大都採用 PVC、TPE、NBR 和 PER 等材質製成，其中 PVC、NBR 不環保也可能產生毒素，不建議購買。可以挑選 TPE 和 PER 材質的瑜珈墊，其中 PER 採用天然橡膠製作止滑性較佳，不過單價約台幣 2,000 元左右。

雖然說厚度越厚越躺起來舒服，但畢竟是用來運動訓練，過厚的瑜珈墊會像踩在沙發上一樣難出力。建議挑選 6mm 左右的厚度，若有過膝蓋、腰部運動傷害，可以選擇稍微厚一點點的款式。瑜珈墊的長度大約比身高長 10 ～ 15 公分比較好用，才不會瑜珈棒滾到一半，頭就跑到地板去了！

可以搭配選購瑜伽墊，可以減少脊椎和堅硬地面碰撞產生的傷害。

運動類型 APP 及線上運動訓練網站！
善用科技，為鐵人三項訓練打底

「科技來自人性！」當你還在用土法煉鋼的方式記錄及調整運動姿勢時，已經很多人透過手機或高科技儀器，記錄所有身體及運動器材的細節了。本文介紹幾款簡易、功能強大的運動網站及手機 APP，鐵人們可以從這幾款入門科技工具開始，為完整記錄自己辛苦的訓練過程，不但可以有效監控訓練成果，也從訓練過程中得到一些樂趣。趕快打開電腦，拿起手機來安裝吧！

帶著教練趴趴走——運動類型 APP

幾乎人手一支的智慧型手機，簡直是口袋裡的高科技瑞士刀，打電話、當鬧鐘，連拍照功能都快和數位單眼相機平起平坐了。那麼能不能利用智慧型手機作為輔助訓練的器材呢？以下介紹 4 款運動訓練相關的 APP，不需要花大錢購買高科技器材，就可以先享受訓練的樂趣。

容易上手的 Nike+ Running App，下載之後跑了就懂。

Nike+ Running
手機平台：iSO、Android 系統
費用：免費

Nike + Running 是最平易近人、易上手的路跑 APP。藉由 GPS 定位，不需要其他器材就可以記錄訓練軌跡，訓練過程中，會報讀現在的里程及平均速度，就像有位私人教練陪在旁邊練習一樣。APP 內建的「虛擬教練」可以設定訓練課表，提示每天的訓練。跑完後，系統也會記錄練習路線以及最佳成績、將自己的路跑記錄發享在 Facebook 或 Instagram 等社群網站上，還可以和朋友 PK，訓練變得更有趣！

Nike+ Training Club
手機平台：iSO、Android 系統
費用：免費

除了路跑的 APP，Nike 還推出了體能訓練的 Nike+ Training Club，內建超過 100 種運動計畫，只要依照個人需求調整，就可以擁有獨一無

Nike+Training Club 設計了圖像化的訓練指南和階段性計畫，初學者能立即上手。

二的訓練課程。針對不同訓練目的制訂計畫，以直覺式的圖表掌握進度，就像是把體能教練帶回家。與 Nike+ Running 一樣，可以號召朋友一起訓練，增加訓練動機，也可以搭配 Nike+ Running 達到更全面的訓練效果。看到這裡，是不是希望 Nike 也能推出專為鐵人三項運動訓練的 APP 呢？

My Sports
手機平台：iSO、Android 系統
費用：免費

My Sports 和 Nike+ Running 非常類似，但增加了更多運動項目，包含：自行車、路跑、登山、游泳等數十種運動，除了軌跡記錄以及時間

My Sports 有更多的運動選項，也將路線及賽事整合到 APP 當中。

訓練之外，My Sports 還有推薦路線的功能，能夠依照使用者的位置推薦適合的訓練路線。My Sports App 是由台灣團隊開發完成，因此也將國內賽事納入其中，使用者可以將賽事安排在自己的行程中，更能掌握訓練的進度。

Seconds
手機平台：iSO 系統
費用：免費

Seconds 是一款計時器 APP，大家一定會好奇，手機就有內建計時器，為什麼還要下載 APP 呢？Seconds 不只能計時，它還是一款以「訓練」為出發點的計時 APP。有時在訓練時，會因為聊天或一點小事突然打斷訓練流程，不小心就錯過了訓練節奏，Seconds 計時器就可以解決這樣的問題。訓練課程開始前先設置流程，訓練開始後，Seconds 會提示剩餘時間，也會在下個課表開始前進行倒數，讓你不會再忘記時間。

Seconds 能夠提示訓練剩餘時間，並在下個訓練開始前進行倒數。

雲端訓練課表——線上運動訓練網站

除了手機 APP 能擔綱你的隨身教練之外，也有一些運動網站可以協助你有系統的針對目標賽事，規畫「週期性訓練課表」。以下介紹兩款著名的線上運動訓練網站，分別為 TrainingPeaks 及耐力網。

TrainingPeaks
語言：英文
費用：依課程計費

目前全球最知名的線上運動訓練網站，就是針對耐力型運動所設計的 TrainingPeaks 了！TrainingPeaks 能幫助鐵人愛好者做些什麼呢？TrainingPeaks 有許多針對耐力型運動的訓練方案可以購買，不管是單項訓練或是鐵人三項，甚至連重量訓練，都可以依照賽事距離、訓練時間以及運動強度，規畫選擇適合的課程。以鐵人三項來說，可以選擇奧運距離、113KM 或 226KM 的課表，再依照每週能夠訓練的時間來選擇級別。

如果不喜歡現有的訓練課表，TrainingPeaks 還提供線上教練服務，可以付費經由 E-Mail 和教練聯繫規畫訓練課表。網站上的教練都是取得相關認證，更有不少是前職業選手甚至奧運金牌得主，知識或是實作上都有一定的能力。

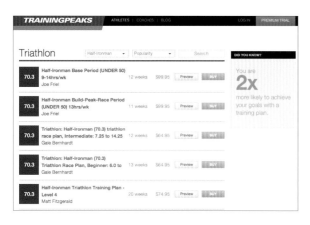

TrainingPeaks 網站的課表可以依照使用者目標挑選。

耐力網
語言：中文
費用：測試階段

雖然 TrainingPeaks 有很好的空間，但只提供外語的平台對台灣用戶來說，還是有些難上手，加上運動訓練有許多專業術語，如果沒有一定背景可能無法瞭解訓練內容。別擔心，現在

也有中文的線上運動訓練網站了！同樣以耐力運動為主，強調科學化訓練及個人化的「耐力網」，利用能力檢測、訓練計畫安排等方式，制定出適合個人的訓練計畫。除了專項訓練之外，耐力網也非常注重重量訓練的課程，很多耐力運動員著重心肺訓練，卻忘了提升肌力，最後發生運動傷害，因此將重量訓練也視為重點之一。

耐力網是目前台灣唯一的線上運動訓練平台。

不只精準和效率，功能全備一表搞定！

善用鐵人表，賽程、訓練全記錄

鐵人三項表，又稱為「鐵人表」，在入手運動型專業手表前，一定會想問：所有賽程及記錄都可以用手機 APP 儲存，為什麼還要買鐵人表呢？這是由於它可以詳實的記錄數據，以及輕薄短小的特性，讓我們一次搞定游泳、自行車、跑步三項運動，不用換來換去。

鐵人表，非買不可的 3 要素

尤其以鐵人三項來說，即便是最短的 51.5KM，從開始下水游泳到最後的跑步過終點線，最起碼都要花兩小時以上才能完結。因此，防水、流線型、續航力、重量等，都是挑選鐵人表時重要的依據。

要素 1 ▶ 輕薄短小 + 防水 + 續航力，略勝手機

雖然手機搭配 APP，使用面看起來似乎比鐵人表要廣泛——可以記錄運動數據，又可以測量心率等等。但是以市面上著名的防水手機 Sony Ericsson Xperia 為例，雖可以陪著選手下水游泳，但是面對難以預測的開放性水域及幾千公尺游泳距離，如何固定在身上而不會

中途遺失，就是個難題了。

即便解決了游泳的問題，進入跑步賽程時，即便是輕薄的手機，其重量及體積反而會成為選手的負荷。因此，一般想要長期參與鐵人三項比賽的人，建議買一支具有基本功能，且價格能接受的鐵人表。

要素 2 ▶ 數據詳實，清楚解析體能極限

另外，鐵人表能記錄每次訓練的數據，像是公里、時間、心率還有卡路里等等，這對初學者而言是十分重要的數據，不但能清楚知道體能狀況的走向及優缺點外，更可不時提出修正及調整，讓訓練強度及步調能有效的達到目標，又不會造成身體傷害。同時，透過貼身工具所

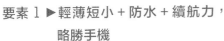

比一比，誰家鐵人三項表最適合自己。

鐵人表的選擇性愈來愈多。

帥氣的外型，是挑選鐵人表的第一道關卡。（圖片提供／Garmin）

產生的數據交叉比對，監督鐵人初學者或是老手們，達到該有的訓練水準，而不是憑感覺衡量訓練的效果。這，才是對身體最有幫助的「科學化訓練」。

簡單來說，擁有一支鐵人表，就像擁有航海時不能少的指南針。一旦少了它，即便你有雄心壯志，也未必能有效率地完成目標。

要素 3 ▶ 一表搞定，不用換來換去

鐵人三項包括游泳、自行車、跑步，一支鐵人表可同時適用於記錄這三項運動，不必換運動項目就要換記錄工具，相較於其他科技設備來得簡易許多。

如何挑選一款適合的鐵人表

只不過，市面上有各式各樣的 GPS 系列表，每個品牌都標榜不同特色與功能，在鐵人市場能見度較高的如 Garmin、Bryton、Suunto，最近則有一隻新加入戰場的 Oregon Scientific。各項產品各以多元的功能、時尚的設計、堅強的

性能，打著不同的需求，試圖吸引鐵人們的青睞。以下挑出幾個在台灣較有代表性，同時目標族群區隔明確的幾款表，做個選購上的比較。

基本上，鐵人表的挑選不外乎以下幾點：外型、預算、操作介面模式、運動習慣、使用頻率以及是否有支援其他運動功能等六大項。

挑選要點 1 ▶ 外型是否帥氣？

外型，是買表第一個且最直覺的考量，無論喜歡方方正正還是渾圓有勁，完全取決於個人的審美觀。鐵人表的造型其實都有相當的水準，其中較為突出的，是向來被視為戶外運動表貴族的芬蘭表 Suunto Ambi3 Sport 系列，最近剛獲得知名設計獎 Good Desig PERSONAL 2014 獎項。Oregon 的造型也頗受矚目，這是由英國設計師 Michael Young 所設計，更在德國紅

點設計大獎獲得好評,因此剛引進台灣就吸引眾人目光。

挑選要點 2 ▶ 先考量預算有多少?

不管商品吸不吸引人,我們還是要先考慮荷包厚度或口袋深度。鐵人表因為功能用途廣泛且多元,價位通常都有一點門檻,再者,如果要備齊心率表、踏頻器以及自行車固定器,往往就不只是一隻表的價格,甚至有直追智慧型手機的趨勢,如 Garmin920XT 及 Suunto Ambit3 Sport。近來而 Bryton S630E 和 Oregon 各推出一款萬元有找的完整套裝組,包含心率帶、踏頻器和自行車固定器,大大降低入門者的負擔。

挑選要點 3 ▶ 操作介面是否簡便?

操作簡不簡單是很重要的選項,運動時遇到操作麻煩的工具,將被迫中斷訓練。介面是否中文化也是挑選的重要依據,目前 Garmin、Bryton 有中文化介面,Suunto 今年也會有中文化更新,Oregon 則是全英文的介面設定。

基本上,Garmin、Suunto、Bryton、Oregon 都算是容易上手的鐵人表,介面設計上也各有特色。像是 Garmin920XT 和 Bryton 用分割畫面,讓訊息出現在同一頁面一目了然, Suunto 和 Oregon 頁面設計較為清爽,但有人不習慣要按按鍵轉下一頁看其他資訊,但整體操作使用都不是什麼大問題,個人可以選擇自己習慣的模式。

挑選要點 4 ▶ 運動習慣是什麼?

若論戴起來輕薄無負擔,Suunto、Bryton 或 Oregon 都是不錯的選擇。強調游泳訓練功能的,可以選 Garmin、Suunto 或 Oregon;希望自行車訓練時有功率計算或是功能較齊全的,可以選 Garmin、Suunto;希望跑步訓練

戶外運動功能強大的鐵人三項表(圖片提供/ Suunto)

時能有間歇記錄、自動偵測起跑模式的,可選 Garmin、Suunto;喜歡有套裝課程設計,能幫助自己盡快進入專業訓練狀態的,可以選擇 Bryton。Bryton 的功能設計,是參喬弗瑞所著《鐵人三項聖經》中的訓練概念,可以說是完全從鐵人三項運動為出發點的鐵人表。

挑選要點 5 ▶ 訓練以外的時間也可以戴嗎?

鐵人表一支動輒數千甚至上萬元,除了訓練使用以外,希望也能作為平日或休閒的一般表來戴的話,時尚外表就相當重要,四款表中以 Suunto 和 Oregon 較符合這樣的期望。特別是 Oregon,雖然使用三軸加速器取代 GPS 計算步伐和速度,但有持久的電池續航力以及溫度、高度、壓力、距離的偵測功能,具都市休閒風格。

挑選要點6 ▶ 有登山等其他戶外運動功能嗎？

多功能，往往也是鐵人們採購考量之一。以Garmin920XT來說，大部分功能用於健走運動較普遍。Suunto Ambit3 Sport除了鐵人三項表外，日間監控、指南針與導航功能、水平儀和羅盤皆具，即使在GPS不易偵測到之處也能使用。而Bryton S630E除了鐵人三項記錄外，還支援跑步、騎車及其他綜合運動。Oregon在此算功能強大，因為它除了鐵人三項各單項外，還可以用於登山、健身、釣魚及其他日常動態活動。

Suunto Ambit3 Sport 的水平儀和羅盤功能強大，在 GPS 不容易偵測到之處也能使用。（圖片提供／Suunto）

鐵人三項表的功能及使用

考量了外觀及價格等因素後，還別急著採購你心目中的鐵人表，因為在此之前，你還必須弄懂這支表是否能陪著你渡過漫長的鐵人三項各個訓練，把你要的數據都能記錄起來。因此，以下再針對游泳、自行車、跑步再做詳細的解析。

鐵人表在游泳項目評比

鐵人三項表在游泳功能上，挑選時必須考量三個重點：

1. 是開放水域或室內游泳使用，決定這支表的用途範圍，是訓練用還是訓練和比賽都可以用。
2. 是否能測量室內游泳圈數、划頻，這可以幫助自己知道平常訓練的狀況。
3. 是否有定位導航，這可以幫助選手在比賽時了解目標方位，不至於多游許多距離。

鐵人表在自行車的功能評比

騎車時，最基本的是知道進行的里程數、速度，和回轉數，這四支表都已具備這種功能。其中最重要的是回轉數的記錄，目的是幫助鐵人們能妥善分配騎行時的踩踏頻率，做體能和肌肉的調整和支配。

其他的進階功能，可以注意是否能偵測Power Meter功率計的數計分析，知道自己肌肉能負荷的阻力標準，還有可使用的範圍，幫助自己在比賽上做發揮，或是訓練時能監督自己的質量。

鐵人表在跑步的功能評比

跑步時，基本的功能是知道時間、配速、心跳，以及距離，基本上這些功能已經足夠。但在進階款的鐵人三項表，則是需要知道跑姿上的動態分析數據，像是步頻、垂直振幅等，生理上，則需要知道最大攝氧量，和有氧閾值，幫助自己在訓練時監測質量，在比賽上則是可以幫助做體能上的分配和運用。

而Garmin和Suunto比較特別的是會針對訓練或是比賽後，分析數據建議鐵人們需要多長的時間做身體恢復，是不是很貼心的功能呢？

各家品牌鐵人三項表功能總比對表

功能 / 品牌	Garmin920XT	Suunto Ambit3 Sport	Bryton S630E	Oregon RA900
價格（全配）	14,990 元（含心率帶）	18,600 元（含心率帶）	單買 6,490 元；若含心率帶、踏頻器和自行車固定器為 9,790 元	單買 6,000 元；若含心率帶、踏頻器和自行車固定器則為 8,433 元
顏色款	紅白、藍黑	黑、白、藍	黑、黃、螢光綠	黑、灰、金灰
中文界面	V	-	V	-
GPS 定位功能	V	V	V	-
資料傳輸	USB ／ Bluetooth ／ Smart ／ Wifi	USB ／ Bluetooth	USB ／ Bluetooth	Bluetooth
防水	防水水下 50M	防水水下 50M	防水水下 30M	防水水下 50M
電池續航力	40 小時	50 小時	16 小時	半年換一次電池
震動／聲音提醒	VIBRATE/SOUND/VISUAL	VIBRATE/SOUND/VISUAL	SOUND/VISUAL	
背光模式	V	V	V	V
APP 記錄	V	V	V	V
手機 APP 支援	iOS/Andriod	iOS	iOS/Andriod	iOS
日常步數	V	-	-	V
藍牙傳輸	V	-	-	V
電話訊息顯示	V	V	V	-
最大攝氧量預估	V	V	-	-
恢復建議	V	V	-	-
開放水域模式	V	V	V	-
室內游泳模式	V	V	V	V
圈數追蹤	V	V	V	-
水底心跳監控	-	-	-	-
划頻計算	V	V	-	V
泳池距離設定	V	V	-	V
速度／迴轉數偵測	V	V	V	V
Power Meter 數據	V	-	-	-
其他項目	-	可以自訂運動模式	-	登山、健身、釣魚、日常動態

（圖片提供 / Garmin、Suunto、Bryton、Oregon）

PART 05

登上競技場前的準備

踏上鐵人舞台，
畫下完美 Ending

圖片提供／ IRONMAN Taiwan

日復一日的練習，當然是為了踏上賽場挑戰自我！鐵人三項是一項運動，但它融合了路跑、自行車和跑步，三種不同類型、不同場地、不同器具的運動，器材種類更是繁多：泳具、自行車、安全帽、跑鞋等等。而前往比賽前需要有良好的收納，確保器材不會在交通、運輸過程中毀損。

隨著鐵人運動的蓬勃，出現許多專為鐵人設計的收納包，從換洗衣物、跑鞋甚至防寒衣的擺放，都有適合的空間規畫。高單價的自行車最擔心運送時碰撞造成零件損壞，開車的人可以利用攜車架載運單車，沒開車的鐵人玩家則可妥善利用攜車廂、攜車袋，就算搭飛機出國比賽都沒問題！

不同的運動競賽各有專用的比賽服，鐵人比賽當然也有專屬衣物，「鐵人衣」就是讓鐵人挑戰者可以「一套到底」，省去換裝的時間。進階款式甚至加入類似鯊魚泳裝的低水阻材質設計，身上穿也能成為獲勝的武器之一。在長距離的 226 公里、113 公里等鐵人賽常看到兩截式鐵人衣，51.5 公里的標準距離卻又以連身式為多，是什麼原因讓鐵人們挑選鐵人衣時有不同的選擇呢？

在長距離的競賽中，怎麼樣迅速且正確地補充消耗的熱量和電解質，更是關鍵要事。另外，比賽時也必須藉由號碼辨別參賽選手身份，游泳時無法配戴號碼布，要靠號碼協助辨識，於 113 KM 和 226 KM 的長距離賽事中，號碼帶還能當做補給品的收納袋，選手不用握著補給品跑步。

騰空你的雙手享受進入終點、振臂高揮的成功瞬間吧！

5分鐘看懂
比賽裝備全覽圖

鐵人衣

補給品

號碼帶

鐵人包

晶片帶

（器材提供／ ZOOT、Z3R0D、Racing PRO、Compressport、EVOC、都樂）

攜車箱

攜車架

掌握 Time is Money 的比賽原則！
一套穿到底的鐵人衣，免換超省時

初次參加鐵人賽的人一定會問：要參加比賽了，需要買鐵人衣嗎？鐵人衣有什麼優勢，會讓我在鐵人三項表現更為傑出嗎？在回覆這些問題前，先來了解鐵人衣的歷史背景及其優點。

鐵人衣的種類——
連身式與兩截式各具特色

鐵人三項的不同類型綜合性運動，帶給第一次參賽者新鮮的感受；也因為同時競賽三項不同的運動，而出現了專屬於鐵人比賽的服飾——「鐵人衣」。

鐵人衣的主要有兩種「連身式」與「兩截式」。早期主打的是兩截式的鐵人衣，隨著時間的發展，連身式的鐵人衣因為適合游泳，且降低了比賽中很在意的物理阻力，普及度漸漸追上兩截式的鐵人衣。那麼對剛入門者來說，該怎麼挑選並分辨兩者的適用性呢？

兩截式鐵人衣，適合長距離賽程

兩截式鐵人衣最大優點在於上下半身分開的設計，運動時比較不會造成肩膀和胸腔的緊繃感。兩截式的鐵人衣適用於 113 公里和 226 公里長距離比賽。雖然它在水阻上較不利於游泳，但在長距離鐵人三項的游泳項目中，大會對於防寒衣和速度衣的規範較自由，所以穿著兩截式

的鐵人衣時，外面都會再套上防寒衣和速度衣，等結束游泳賽段再脫下，進入自由車和路跑賽段時，就能發揮兩截式鐵人衣舒適的特色，讓參賽者能較舒服的完賽。

目前有在推鐵人衣的廠商有 ZOOT、2XU、Z3ROD、Champion System、Santini 等等，整套鐵人衣＋鐵人褲價格約在台幣 6,000 ～ 8,000元左右。

挑選兩截式的鐵人衣時，由於要考量長距離賽事，因此舒適性和自身功能性便成了選擇的要素。以 Santini 的兩截式鐵人衣為例，上衣沒有

Santini 以自由車服飾起家，漸漸發展至鐵人三項的產品，例如兩截式的鐵人衣。（圖片提供 / Santini）

Speedo 連身式鐵人衣是許多入門鐵人選手可以考慮的品牌。（圖片提供 / Speedo）

拉鍊加上貼身剪裁，與身體更加貼合以減少游泳時的阻力。

連身式鐵人衣，
前拉式和背拉式視賽程選用

連身式鐵人衣是世界鐵人三項聯盟 ITU（International Triathlon Union）的指定服飾，包括鐵人三項在奧林匹克運動會（Olympic Games）、亞洲運動會（Asian Games）等比賽中，都必須穿著符合規定連身式鐵人衣。而在 51.5Km 鐵人賽中的游泳賽程更講求速度，因此連身式鐵人衣也容易脫穎而出。

連身式鐵人衣又分前拉式和背拉式拉鍊。背拉式拉鍊鐵人衣的優點在於，因為拉鍊在背後，即使在比賽過程中拉開了也不會袒胸露背，較為美觀。背拉式鐵人衣對呼吸和運動時的舒適性較差，但距離短、比賽時間短，影響也較小。因此適合用在 51.5 公里和 25.75 公里等短程賽事。

不只鐵人比賽，路跑賽、越野賽，對號碼帶的需求愈來愈多。

目前市場上較著名的連身式鐵人衣廠商有 ZOOT、2XU、Z3ROD、Champion System 及 Santini，一套連身式鐵人衣價格約在台幣 6,000 ～ 8,000 元左右。以下以 Z3ROD 和 Speedo 的鐵人衣為例列舉其特色。

Z3ROD 的連身式鐵人衣的材質，以防潑水和貼合為主軸，因此在游泳項目可減少水阻及防寒功能，助益甚大，也是許多國際賽選手選用比例較高的品牌。一套 Z3ROD 連身式鐵人衣價格約在 7,000 ～ 8,000 元。

在游泳品牌十分知名的 Speedo 也跨足到鐵人服飾領域，主打平價前拉式鐵人衣，設計也不外乎良好的低水阻設計，是許多入門鐵人選手可以考慮的品牌。一套 Speedo 連身式鐵人衣價格約在 3,500 ～ 4,500 元

Z3ROD 的連身式鐵人衣，材質以防潑水和貼合為主軸。
（圖片提供 / Z3ROD）

 達人這樣做！
鐵人衣怎麼保養？

如何判斷一件鐵人衣是否壽終正寢？彈性和貼身性是最重要的兩個因素。除了在比賽中正常使用的耗損外，保養清洗的方法也是影響鐵人衣壽命的原因之一。鐵人衣不像防寒衣會有氧化的現象，收納時只需要摺好收在衣櫃中即可。清洗的重點和防寒衣雷同，練習或比賽後，用清水將防寒衣上的髒垢清洗掉，放在通風處自然風乾。盡量避免放入洗衣機與脫水機，因為機器的扭力容易耗損鐵人衣的彈性，造成彈性疲乏縮短了鐵人衣的使用壽命。

做好萬全準備，不怕掉東落西！

帶好號碼及晶片，成績不漏失

比賽人數上千個，要怎麼知道挑戰者是否完成比賽呢？為了分辨選手身份，鐵人三項比賽大多使用晶片和號碼布來確認選手身份。

晶片帶，固定晶片好幫手

透過高科技晶片計時，可以精準的記錄挑戰者在游泳、騎車和跑步的成績，鐵人三項的晶片使用「晶片帶」固定在小腿接近腳踝處。因為晶片必須在下水前就佩戴，所以採用類似泡綿材質，以避免摩擦破皮或不舒服，也比較能貼合肌膚，不會在游泳踢水或跑步過程中弄掉，造成沒有成績的遺憾。

晶片帶，有的賽事會事先發給參賽選手，如果不確定賽會有沒有提供，自行購買也不貴，大約在 200 元左右，除了 Compressport、O2 這類大品牌，也有很多其他廠商都有做，品質沒有太大差異，就看自己喜歡什麼樣的配色。

除了用來固定晶片，晶片帶在平常練跑時可以搭配 LED 燈，保護跑者夜間的安全。不過，晶片帶也有壽命限制的，當魔鬼氈不黏的時候就應該更換新品，避免在比賽過程中脫落。

號碼帶，跟號碼布一起衝過終點

鐵人選手的號碼布，只有在路跑項目才用得到。如果騎完車才將號碼布用別針別上，浪費時間又容易傷害昂貴的比賽衣布料，所以選手多會利用「號碼帶」來協助轉換。號碼帶使用鬆緊帶和公母快扣製作，可以快速將號碼固定在身上，像是 ZOOT、Profile Design 等品牌都有這類產品，基本款價格在 200 元左右。

既然有基本款，那就有進階的款囉？沒錯，基本的號碼帶只能固定號碼布，在 51.5 公里的奧運標準距離很夠用，但如果是半程、全程超鐵 21 公里起跳的路跑距離，就需要比較進階的號碼帶了。進階的號碼帶除了固定號碼布，還有攜帶補給品的功能，價格在 500 元左右。跑步時能騰出雙手不用拿握補給品，當然會輕鬆許多。

用號碼帶固定號碼布，不僅省時也保護比賽服不用被別針傷害布料。　利用晶片帶固定晶片，讓比賽可以順利進行。

5-3
補給品

比賽中怎麼吃怎麼喝才健康？
充足補給，賽程中體力能量值飽滿

完成鐵人三項需要花費很長的時間，IRONMAN 226 公里的世界冠軍也要將近 8 個小時才能完賽，奧運距離的 51.5 公里賽事也要 2 至 3 小時左右，能量消耗非常巨大，運動中的補給絕對是重點中的重點。

非吃不可 補給 1 ▶ 香蕉

除了游泳項目，自行車和跑步都可以適量的藉由「吃」來補充能量。香蕉是大家最常聽到的運動補給品，因為富含「鉀」，可以減少抽筋發生的機會，另外優質的碳水化合物和飽足感，也讓它成為最平價的運動補給品。

非吃不可 補給 2 ▶ 能量補給包

不過，香蕉雖然有熱量，卻無法迅速被身體轉換成可用的能量，因此專業的鐵人會準備特殊的能量補給包，有點像果凍的凝膠，除了含有小分子易吸收的醣類，還有 BCAA、維生素，甚至有些補給品會添加咖啡因，提升運動表現。這類

營養品每包價格大約在 60 ~ 100 元左右，一般會一次購買 5 ~ 10 包，比較划算。況且每次比賽的用量也不少，有些固定參賽的鐵人，購買時是以盒計算的。比較知名的品牌有 Racing Pro 運動達人、ENERVIT、諾壯和千沛等等。

非吃不可 補給 3 ▶ 鹽錠

除了能量之外，113 公里、226 公里等長距離的比賽，鐵人選手還會準備「鹽錠」，長時間流汗會讓鈉大量流失，尤其是在炎熱的夏天，很

香蕉是最普及的運動補給品。

運動補給品為小分子成分，易吸收、轉換成運動所需能量。

快就會造成體內鈉含量減少，藉由鹽錠補充鈉是最快速的方式，不過記得要同時補充水分。鹽錠可以在藥局或是馬拉松、鐵人、自行車運動用品店購買，依照包裝大小不同價格也不一，平均單顆的價格在 25 ～ 30 元之間。

非吃不可 補給 4 ▶ 沖泡式運動飲料

比賽過程中除了純水之外，運動飲料等沖泡飲品也是補充電解質的好方法，除了便利商店常見的運動飲料之外，也有針對耐力運動設計的特殊配方，會更符合鐵人三項運動的需求。以沖泡 600cc 水壺的份量，每包價格在 60 元左右，品牌有 Racing Pro 運動達人、ENERVIT、諾壯和千沛等等。

認識了不同種類的補給品之後，針對不同比賽，要準備多少補給品才足夠呢？文末表格提供參考。

補給搭配對，能量恢復快又有效率！

在鐵人三項賽事中，從自行車賽程才開始補給。因為騎自行車不易造成胃部晃動，非常適合補充能量，也可以提前為路跑準備。一般來說，每包具備 150 ～ 180 卡洛里的運動濃縮果膠，也就是俗稱的「能量補充包」，這類補充包吃起來非常濃稠甜膩，建議準備一瓶白開水潤潤喉，才不會因為過度黏膩，造成胃部的不適。

另外，路跑會造成胃部較大的負擔，建議可在自行車結束前只補充運動飲料和白開水，減少進食，也讓剛轉換路跑項目時的「撞牆期」（或稱「軟腳期」）的時間較短一些。

針對 226 公里或 113 公里的長距離比賽，自行車距離超過 90 ～ 180 公里，平均都要耗時 3 ～ 8 小時，在這麼漫長的時間中，如果都只吃甜膩的補給品，對參賽者來說是非常痛苦的。建議添加一點自己喜歡食物，例如：堅果、燕麥棒或香蕉等，需要咀嚼的食物能增加飽足感、減緩飢餓感，也讓不同口味的食物陪伴自己度過漫長的時間。相較之下，51.5 公里和 25.75 公里因為比賽時間較短，選擇能量補給較高的食物即可。

路跑項目的補給以少量多次為主，自行車項目一次吃完的補給包，在路跑項目可以選擇分二至三次完成，並在每次的補給時搭配。

達人這樣做！
運動補給品只有比賽吃？

一包凝膠幾乎就是一個便當的價格，是不是只有比賽時才吃呢？答案是否定的。千萬要記住，不管是吃的、喝的還是比賽用品，都不能只有比賽當天才用，建議至少提前一週開始適應。運動中，可以約 40 分鐘補給一包，但補給頻率還是要依據個人的習慣與適應能力，可以在訓練時就揣摩一下。

另外，補給時機也會隨天候氣溫有所差異。天氣熱時頻率會快一些，以確保因高溫流失的能量，能快速回補；天氣冷時流汗量較少，容易讓人誤以為不需要補充能量，卻在不知不覺中失去力量。建議天氣較冷時，補給節奏可以抓約 30 分鐘，但還是自己於訓練時揣摩補給頻率最準。

25.75 公里及 51.5 公里補給物品及數量		
	25.75 公里	51.5 公里
運動飲料 /600ml	1 瓶	1 瓶
白開水 /600ml	1 瓶	1 瓶
補給品	1-2 包	2-3 包

113 公里和 226 公里建議補給物品及數量		
	113 公里	226 公里
運動飲料 /600ml	每小時一罐	每小時一罐
白開水 /600ml	每小時半罐	每小時半罐
補給品	每 40 分鐘一包	2-3 包
燕麥棒	每小時一包	每小時一包

※113 公里和 226 公里因為完賽時間差距較大，故以時間做為建議單位。數量為平均值，非每一場確切所需，會因為賽道和天氣而有所差異。

鐵人包、汽車攜車架、攜車箱、攜車袋
練就行李打包術，轉換移動穩當當

參加鐵人比賽的裝備比準備旅遊的行李箱還繁雜，游泳器材、跑步用具還有一台重要的自行車之外，泳帽、泳鏡、鐵人衣、防寒衣、單車、車鞋、安全帽、跑鞋、風鏡、補給品等等，種類繁多，新手鐵人參賽前，別忘了幫它們準備一個合適的家。

4 款好用鐵人行李包大亮相

一場比賽要用到的東西那麼多，鐵人選手的行李包一定要大，但光是容量大，卻沒有合適的放置空間也不行。跑鞋、衣服、運動風鏡全擠在一起，萬一跑鞋壓扁了、衣服弄髒了，連風鏡也刮花了，怎麼辦？！一個理想的鐵人行李包，應該具有「功能性」的夾層，為鐵人裝備妥善規畫空間。

隨著鐵人三項運動的蓬勃發展，愈來愈多廠商開發鐵人專用行李包，下面就介紹幾款專為鐵人玩家作設計的行李包。

好用鐵人包 1 ▶ Blueseventy Transition

Blueseventy 行李包是背包形式，32 升的容量但不會造成肩部太大的負擔，內部設計乾濕分離，最底部利用防水層隔離，可放置防寒衣和鐵人衣。頂層的夾層可放運動風鏡或手機等不耐壓的小物，最主要的中央隔層空間很大，

可以將跑鞋及其他裝備放入其中。Blueseventy Transition 還有一個小巧思，利用網袋和快扣將安全帽收納在包包最外層，解決了安全帽太占空間的問題。

好用鐵人包 2 ▶ ZOOT Ultra Tri

以鐵人三項運動用品為主的 ZOOT 當然也有鐵人專用的行李包，同樣是背包的類型，但容量更大！同樣採用乾濕分離的設計，在安全帽的收納設計上，最前方的空間連體積較大的計時帽也能容納。除了收納功能外，ZOOT Ultra Tri 也考量到使用者的舒適性，畢竟一個 52 升裝滿鐵人器材的背包一定不苗條，總不能還沒到賽場，就讓使用者肩頸痠痛。所以 Ultra Tri 在

左，Blueseventy Transition
右，ZOOT Ultra Tri

背包和背部接觸的部位使用記憶海綿，背帶部分加寬並用輔助拉繩和腰部固定，減少走路時晃動造成的負擔，是非常貼心的設計！

好用鐵人包 3 ▶ OGIO Endurance 9.0

如果上述兩款行李背包，仍然裝不下你的鐵人裝備，你可以考慮 OGIO 的 Endurance 9.0。90 升的大容量絕對能把所有器材一次裝進去，就算是出國參賽也不怕。每個裝備的安置 Endurance 9.0 都設想周到，像是最外層採用抗刮耐磨的布料，很適合到處走跳參賽的熱血鐵人，硬式的風鏡收納包，不用擔心貴貴的風鏡被壓壞了。可背可提的設計，也是貼心的小細節。OGIO 就像行李包中的瑞士刀，顧及所有功能。如果 90 升容量過大，原廠也有較小的 4.0 和 8.0 款式，依照自己的比賽距離和旅行天數來選背包吧！

好用鐵人包 4 ▶ KHS

動輒 5,000 元的鐵人包，讓人卻步，初入鐵人的朋友搞不好認為，乾脆用垃圾袋裝一裝，反正比賽完就用不上了。但是鐵人包不只是「把器

4 款鐵人行李包功能大評比				
	Blueseventy Transition	ZOOT Ultra Tri	OGIO Endurance 9.0	KHS
乾濕分離（防水夾層）	✔	✔	✔	✔
防寒衣收納	✔	✔	✔	✔
鞋類專用收納層			✔	✔
安全帽收納	✔	✔	✔	✔
容量	32 升	52 升	90 升	32 升
適合外出天數	2 天以內	2~3 天	2 天以上	2 天以內
價格	3,800 元	4,200 元	5,580 元	1,300 元

材裝進去」，也要達到保護器材的效果，不分類地硬塞，器材受損花錢就能解決，萬一變形的跑鞋繼續使用，可是會傷膝蓋的。KHS 推出的平價鐵人包，讓入門的鐵人玩家也可以輕鬆負擔，外觀可能無法和眾家大廠相比，但絕對是性價比最高的鐵人包。

運輸自行車好幫手：汽車攜車架

除了跑鞋、安全帽等小裝備，鐵人最大的裝備絕對是那台造價不菲的自行車了！外出比賽到底要怎麼攜帶，常常讓人傷透腦筋。開車參加賽事的鐵人朋友，如果厭倦了每次都要拆掉自行

鐵人包性價比最高的 KHS。
（圖片提供 / KHS）

OGIO Endurance 9.0 背包每一細部都有其功能。

利用攜車架載運單車，不用擔心弄髒汽車內裝。（圖片提供／都樂）

各式汽車攜車架優缺點大評比

	車頂式（拆前輪）	車頂式（不拆輪）	背掛式
優點	架車後高度較低 前叉固定，高速行齒穩定性佳 固定方式，不會接觸車身烤漆	架車快速不用拆	購入價格較低 高度較低，架車方便
缺點	需要會拆前輪 可能會忘記把前輪帶回家	架車後高度較高 需固定牢固，不然高速行駛時，前輪容易晃動 固定時會接觸車身烤漆	停車位需比原車身長 後行李箱開關受影響，甚至無法使用 部分款式需重新驗車

（注意：安裝攜車架之後，務必注意隧道、橋梁高度限制，避免造成遺憾。）

車前後輪塞進車裡，還要擔心鍊條油弄髒汽車內裝，可以考慮安裝攜車架，減少拆裝麻煩。

攜車架的種類有「車頂式」和「背掛式」，不同的車款要搭配不同的配件，另外也要注意安裝後是否需要驗車，避免上路之後收到冤枉的紅單。車頂架因為安裝難度較高，以載運 2 台自行車的器材估算，價格在 10,000～20,000 元之間，而背掛式的攜車架大約在 3,000～5,000

元左右。市面上仍然會看到 3,000 元以下的攜車架，但低價款式大多沒有品牌或容易傷及自行車烤漆，再說汽車在高速下行進，選擇大品牌的款式還是比較有保障。目前市面上常見的品牌有都樂、Travel Life 和 YAKIMA 等等。

攜車箱 VS. 攜車袋

有車族可以使用汽車加掛攜車架，沒車的鐵人玩家外出比賽怎麼辦呢？還好隨著自行車運動的普及，只要將自行車以攜車袋包裝好，就可以不加價的上高鐵、台鐵和客運。

捷安特、LOTUS 還有許多小品牌的攜車袋可選擇，價格大約在 500 到 1,500 元左右。差異在材質，有較輕便的帆布材質，也有抗摩擦力較好的尼龍布材質。另外，種類也分成「拆前後輪」和「只拆前輪」的款式，後者比較方便，但裝袋後長度較長，搭乘台鐵或高鐵可能放不進行李區。

不過攜車袋其實就像在自行車外面穿上一件外套，並不能預防碰撞，若是要出國參賽可不能用攜車袋包裝，沒有人希望一台高價單車運到目的地後，看到的是損毀的零件。不少專業選手出

紙箱裝車相當經濟，但需要一定的組裝知識和包裝能力。(圖片提供 / GIANT)

國是會用紙箱來包裝自行車，只要向附近車店索取就可以拿到，這是最低成本的方式了。不過用紙箱包裝必須要有一定的安裝知識和包裝能力，才能確保到達現場能組回原樣。

如果對自己的組裝功力沒有那麼自信，可以考慮專為托運單車設計的攜車箱，像是 EVOC、Biknd 的單車行李箱，妥善規畫空間，輪組、鍊條齒輪等物件皆妥善保護，不會在車廂中晃動造成損傷。底部還有附設滑輪，搬運時不用擔心過重。

專為托運單車設計的攜車箱。(圖片提供 /EVOC)

Biknd 攜車箱的充氣設計，抗撞能力更升級。可以容納兩組輪組，適合出國比賽的鐵人玩家。(圖片提供 / Biknd)

5-5
Check List

準備好了嗎？
2 個表格做好賽前總檢查

Check List 1：比賽前一天，裝備清單檢查表

初入門的鐵人們，利用這張簡單的比賽裝備檢查表，從容不迫、好整以暇地整理行李及配件，就不怕漏東漏西了！

1 比賽裝備帶了沒？

游泳裝備：　　　　□泳鏡、□鐵人衣、□泳帽（大會發放）、□蛙鏡除霧劑、□防寒衣

自由車裝備：　　　□單車、□安全帽、□自由車風鏡、□自由車卡鞋、□水壺
　　　　　　　　　□補給品、□碼錶

跑步裝備：　　　　□跑鞋、□襪子、□遮陽帽、□號碼帶、□補給品、□凡士林

2 裝備安全檢查＆維修器具齊全嗎？

游泳：　　　　　　□檢查泳鏡是否受損，最好準備兩支泳鏡備用
　　　　　　　　　□檢查防寒衣的狀況，是否有破損

自由車：　　　　　□檢查單車各個部位安全性順暢性（煞車、變速器、龍頭、把手、踏板）
　　　　　　　　　□準備打氣筒、□最好能多準備一組備輪（前、後輪）
　　　　　　　　　□黏貼補給品的膠帶、□隨身小工具、□補胎工具（有備輪則可省略）

跑步：　　　　　　□確認跑鞋的耗損程度（可攜帶兩雙跑鞋）

3 賽程間其他用品也要帶！

非賽事用品：　　　□自身衣物、□健保卡及證件、□報到通知單、□預備押金
　　　　　　　　　□私人藥物（過敏藥物、感冒藥物）　　□私人用品（隱形眼鏡、盥洗用具）

Check List 2：比賽當天的 5 項確認

做好了充足的訓練與準備，也在比賽裝備下足了研究功夫，現在，最重要的時刻來臨了，那就是比賽！

確認 1 ▶離開住所前＆抵達會場後

□ Point1：從住處離開前，再次利用 Check List 1 檢查自己的比賽裝備，確認裝備是否準備齊
　　　　全。

☐ Point2：如果沒在前一天完成報到手續，可在開賽的「兩小時前」抵達會場，完成報到手續（領取選手號碼簿和號碼貼紙）。

☐ Point3：抵達會場後可先至轉換區擺放自己的比賽裝備，擺放時可以依照比賽進行的順序來確認，首先先確認比賽編號與自己的轉換區放置處。

確認 2 ▶ 游泳裝備現場再確認

☐ Point1：至比賽現場時，游泳部分，可在準備時先將「泳鏡」、「泳帽」放置於鐵人衣褲管層塞好，或是放在壓縮衣的小口袋裡，以免開賽時忘記放在哪裡。

☐ Point2：「防寒衣」穿著時間是在一切裝備準備好之後，並完成檢錄才進行穿著。

確認 3 ▶ 自行車轉換區的確認工作

☐ Point1：自行車擺放方向。可以將坐墊前端掛在轉換架上，出發時能夠更快速方便地牽出自己的自行車。

☐ Point2：安全帽。可先將安全帽的帽扣解開，打開平放於地上，將「太陽眼鏡」一同放在安全帽內，穿戴時可以一起戴上。

☐ Point3：自行車鞋。如果訓練過車上穿脫自行車鞋的技巧，可將自行車鞋卡在踏板上方；如果沒有在自行車上穿脫車鞋的經驗，可將自行車鞋的鞋扣打開，平放於安全帽旁邊，穿戴完安全帽隨後將自行車鞋穿上。

☐ Point4：個人物品的穿戴。手套、袖套、襪子等，如果比賽時需要穿上這些裝備，可一同放置於安全帽旁，等待游泳結束時一同穿上。

☐ Point5：補給品的黏著。可在比賽前一天黏於車架上，或是採用自行車專用的固定置物包，確認在自行車騎行時不會滑落。

☐ Point6：裝備都擺妥後，可檢查自行車輪子胎壓是否正常，確認碼表是否開機等等。

確認 4 ▶ 轉換區的跑步設備再確認

☐ Point1：跑步物品如跑鞋、遮陽帽、號碼帶，可集中在一起放在轉換區，結束自行車賽段時，可以方便在自行車架上轉換架時拿取更換。

☐ Point2：一切裝備都準備就緒後，可將比賽用品以外的雜物收納好，交給親友或是擺放在大會提供的放置處。

確認 5 ▶ 進行檢錄及熱身

☐ 在轉換區將裝備擺放好後，大約還會剩一個小時的時間，再來就依大會安排的時間檢錄。檢錄時，大會在選手的手臂上選手的編號（有些比賽則是會發號碼紋身貼紙）。結束檢錄後，就可以開始進行熱身。

☐ 隨著比賽時間愈來愈接近，除了要做足熱身外，自己的補給品補充和水分調整也要注意，不要因為緊張而瘋狂的喝進補充品，導致胃部不適。

☐ 開賽五分鐘前，可先到出發台旁準備，也可以趁這個時候挑選適合的位置，以免混亂場面打亂了自己的節奏，確定好位置後，等待開賽的鳴槍聲響吧！！

5-6
店家大搜查

全台鐵人裝備店家大搜查

想入門的鐵人玩家，一定想一次買齊所有器材，不用東西市到處跑。本書蒐集了全專門為鐵人服務的店家，這些店家除了販售鐵人裝備等硬體產品，還有像是 Bike Fitting、週末團練等服務，甚至有些店家提供賽事報名協助和不定期講座，讓初入鐵人的玩家能夠一網打盡，不用再大海撈針了！

北區店家

Jouer Vélo 和我們一起愛運動工作室
地址：新北市新莊區中華路一段 82 號 1 樓
電話：(02)2992-2517
服務項目：

P.C.O 樂騎適
地址：台北市中山北路二段 96 巷 26 號
電話：(02)2541-6633
服務項目：

IRUN 跑
地址：台北市民權東路三段 31 號 1 樓
電話：(02)2517-6030
服務項目：

Specialized x 舒迷車坊 x 輕風俠
地址：台北市長春路 258 巷 32 號 1 樓
電話：(02)2508-3155
服務項目：

瘋三鐵
地址：台北市內湖區成功路二段 320 巷 36 號
電話：(02)2792-4882
服務項目：

鐵馬牧場
地址：新竹縣竹北市勝利七街一段 226 號
電話：(03) 658-9001
服務項目：

啓動單車
台北店：台北市士林區重慶北路四段 166 號
電話：(02)8811-1814
宜蘭店：宜蘭縣冬山鄉冬山路五段 296 號
電話：(03)955-7110
服務項目：

中區店家

弘達自轉車
地址：台中市西區柳川東路二段 116 號
電話：(04)2372-2580 (04)2372-2581
服務項目：

鐵人學苑
地址：台中市太原路一段 392 號
電話：(04)2207-9191
服務項目：

ORBEA 台中旗艦店
地址：臺中市龍門路 156 號
電話：(04)2258-7728
服務項目：

南區店家

277 自轉車
地址：台南市安平區文平路 277 號
電話：(06)293-1277
服務項目：

VIDA Bike。維達單車
地址：高雄市新興區仁愛一街 230 號
電話：(07)236-6617
服務項目：

東區店家

紅點單車戶外生活館
地址：台東縣新生路 273 號
電話：(089)330-575
服務項目：

服務圖示說明：　Bike Fitting　　固定團練　　協助賽事報名　　不定期講座　　訓練指導專班

NUMBER ONE

COMPRESSION COUNT

KONA 2014

WHEREVER YOU RACE
WE SUPPORT YOU

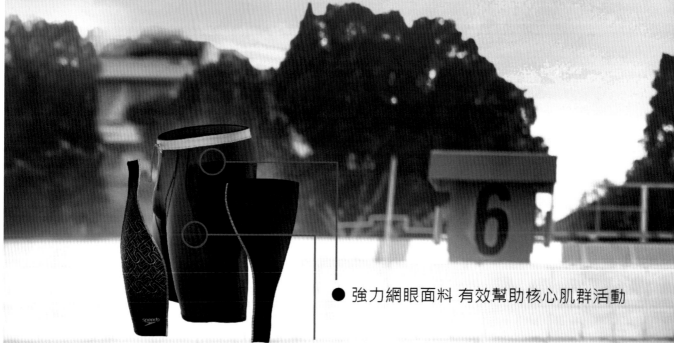

GET SPEEDO FIT
YOU HAVE THE WILL. WE HAVE THE WAY.

優化游泳姿勢泳裝 協助改善游泳技術及效能

● 強力網眼面料 有效幫助核心肌群活動

● 壓縮流線裁片 支撐大腿肌群

f Speedo Taiwan 總代理 星裕國際(02)8751-5235

鐵人訓練無極限
Bravo 舒呼樂 - 呼吸肌的啞鈴

"使用 Bravo 後明顯感覺到呼吸變順暢了，日常生活呼吸的感覺較以往輕鬆。特別是操作亞索 800M 的訓練時，在 800M 高強度之後的 400M 緩和跑感覺變輕鬆了，也減少了呼吸卡卡的情況，讓我更輕鬆的完成訓練課表，做其他間歇訓練更有如魚得水的感覺，除了感覺呼吸變得較輕鬆外，吸不到氣的情形也有明顯的改善。"
—— 鐵人張景翔

"身為鐵人，善用時間自我鍛鍊是一種生活態度，養成自律且靈活的訓練模式，將訓練融入生活且將訓練變得有趣是相當重要的。呼吸肌訓練是其中一項有趣又簡易的日常訓練，Bravo 呼吸力訓練器可同時訓練吸與吐的肌力，是一個方便攜帶的器材，用一點零碎的時間，一次 30 口氣，讓呼吸肌在無意間變得更加強壯。"
—— 鐵人王皓正

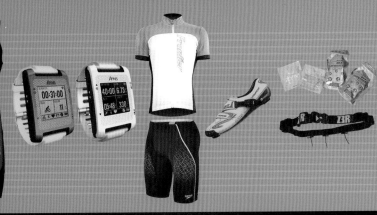

《頂尖選手都這樣用！游泳‧騎車‧跑步，鐵人訓練＆比賽裝備全圖解》

讀者專享優惠折扣券
初鐵包 8 件組
省！
9,000 元

指定購買點：Jouer Vélo 和我們一起愛運動工作室（詳細地址請見背面）

初鐵包 8 件組含以下產品： ▶ Bryton Amis S630R GPS 炫彩鐵人三項腕錶（含 ANT+ 心跳感測器 / 速度踏頻二合一感測器）
隻 ▶ OGIO 9.0 系列鐵人包 1 個 ▶ Bont Riot 三鐵鞋 1 雙 ▶ ZOOT PERFORMANCE TRI-RACESUIT 專業級連身三鐵衣 1 件
Frontier Neon 上衣 1 件 ▶ Speedo 男人運動及膝泳褲（深藍 或萊姆藍）1 件 ▶ Z3ROD 號碼帶 1 條 ▶ 國產運動補給品 1 包

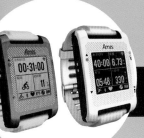

Bryton Amis S630R GPS
炫彩鐵人三項腕錶
▶ 含 ANT+ 心跳感測器 / 速度踏頻二合一感測器

讀者專享優惠
折抵 2,890 元

建議售價：9,790 元
讀者優惠價：6,900 元

OGIO
鐵人包 9.0 系列

讀者專享優惠
85 折

建議售價：5,580 元
讀者優惠價：4,743 元

Bont Riot
三鐵鞋

讀者專享優惠
85 折

建議售價：4,900 元
讀者優惠價：4,165 元

ZOOT PERFORMANCE TRI-RACESUIT
專業級連身三鐵衣
（顏色可任選）

讀者專享優惠
折抵 500 元

建議售價：4,300 元
讀者優惠價：3,800 元

Frontier Neon 上衣
Frontier Passion 短褲

讀者專享優惠
8 折

建議售價：上衣 2,280 元、褲子 2,180 元
讀者優惠價：上衣 1,824 元
　　　　　　褲子 1,744 元

Speedo
男人運動及膝泳褲
（深藍或萊姆藍）

讀者專享優惠
8 折

建議售價：1,880 元
讀者優惠價：1,504 元

Z3ROD 號碼帶

讀者專享優惠
85 折

建議售價：550 元
讀者優惠價：468 元

運動達人 全品項
國產運動補給品

讀者專享優惠
85 折

建議售價：依產品定價
讀者優惠價：85 折

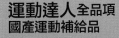

初鐵包 8 件組指定購買點：

Jouer Vélo 和我們一起愛運動工作室

地址：新北市新莊區中華路一段 82 號 1 樓　電話：(02)2992-2517

（本項優惠限指定產品，且須一次購買，不得分開購買亦不得更換品牌）

本活動主辦單位：領袖人整合行銷有限公司
本書讀者優惠期限：2015/4/7 ～ 2015/10/31
若有任何購買疑問，請與領袖人整合行銷有限公司范小姐聯繫
聯絡電話：02-29324888、0955086323
聯絡 E-mail：ppgirlfan@gmail.com

指定購買點：
Ready go 門市
地址：台北市大安路 170 號 1F
電話：(02)27045078

地址：高雄市前金區五福 3 路 59 號 大立百貨 7 樓
（每張優惠券限用一次，影印無效）

指定購買點：
Bryton 總公司
地址：台北市內湖區洲子街 79-1 號 3F-1.
電話：02 26579888 ext. 6013
（每張優惠券限用一次，影印無效）

指定購買點：
愛亂跑 iRun
地址：台北市中山區民權東路三段 31 號
弘達自轉車
地址：台中市西區柳川東路二段 116 號
維達單車
地址：高雄市新興區仁愛一街 230 號
（每張優惠券限用一次，影印無效）

指定購買點：
Bont Riot 全省經銷商網址：
http://miosports.net/article/article84
（每張優惠券限用一次，影印無效）

指定購買點：
星裕國際八德門市
地址：台北市松山區八德路三段 20-1 號 1 樓
（每張優惠券限用一次，影印無效）

指定購買點：
Frontier 總公司
地址：台北市瑞光路 441 號 1 樓
（每張優惠券限用一次，影印無效）

指定購買點：
Jouer Vélo 和我們一起愛運動工作室
地址：新北市新莊區中華路一段 82 號 1 樓
電話：(02)2992-2517
（每張優惠券限用一次，影印無效）

指定購買點：
愛亂跑 iRun
地址：台北市中山區民權東路三段 31 號
鐵馬賽克
地址：台中市西屯區協和北巷 8 號 B 棟
維達單車
地址：高雄市新興區仁愛一街 230 號
（每張優惠券限用一次，影印無效）